Le Texas et sa révolution

Le Texas et sa révolution

D'une province mexicaine à un état américain

Frédéric Leclerc

Editions Le Mono

Collection « Les Pages de l'Histoire »

ISBN : 2-36659502-6
EAN : 9782366595024

PREMIÈRE PARTIE

La révolution qui a fait de la province mexicaine du Texas une république indépendante, puis un état américain, est un des plus singuliers évènements de l'histoire contemporaine. Les gigantesques progrès de cet état, l'accroissement extraordinaire de sa population, le mouvement qu'il imprime aux esprits et aux intérêts matériels dans le sein des États Unis, le long du golfe du Mexique et dans toutes les provinces septentrionales de la république mexicaine entre l'Océan atlantique et la mer de Californie, l'importance que lui donnent dans le système commercial du monde, ses immenses facultés de production, tels sont les motifs qui ont attiré l'attention de l'Europe sur le Texas.

Le gouvernement français avait eu raison de ne pas hésiter plus longtemps à reconnaître une indépendance que la victoire de San-Jacinto avait solidement établie, et qui n'a pas couru le moindre danger, malgré les vaines protestations et les armements illusoires du Mexique. Il aurait commis une grande faute, si, par excès de ménagements pour une puissance à laquelle nous en devons bien peu, il avait négligé l'occasion de fonder sur des bases équitables et avantageuses nos relations de politique et de commerce avec un pays qui s'élèvera infailliblement à un très haut degré de

7

prospérité. Je sais que les ennemis du Texas ont invoqué des considérations d'une autre nature pour flétrir sa révolution et son gouvernement ; mais n'eût-il pas été impolitique et contraire aux vrais principes du droit des gens de se refuser à conclure des traités avec le Texas, parce que sa constitution n'avait pas proclamé l'abolition de l'esclavage, et parce que la question de l'esclavage serait étroitement liée aux évènements qui l'ont détaché de la république mexicaine ? Le gouvernement français ne devait pas se préoccuper de ces circonstances ; il n'était pas juge compétent d'une aussi redoutable question, et il lui suffisait de savoir que le Texas entendait se conformer aux lois générales du monde civilisé sur l'abolition de la traite.

Je crois qu'il serait inutile de donner plus de développement à ces considérations préliminaires. On accueillera sans doute avec intérêt, comme on peut le faire avec une entière confiance, ces souvenirs d'un voyageur qui a cherché à bien voir, qui a visité les villes naissantes du Texas depuis la Sabine jusqu'au Rio de las Nueces, qui a remonté ses beaux fleuves, dont les rives sont déjà largement exploitées par l'industrie et le commerce, qui a traversé ses solitudes inexplorées pour la plupart, mais dont la physionomie change tous les jours sous les pas du planteur, et qui en a rapporté un vif sentiment d'admiration pour ce vaste et magnifique pays, auquel les hommes ont enfin cessé de manquer.

La Sabine à l'est, la rivière Rouge au nord, à l'ouest une chaîne de montagnes dont le versant oriental donne naissance aux affluents du cours supérieur du Brazos, à ceux du Colorado et au Colorado lui-même ; puis, dans la direction du nord-ouest au sud-est, pour compléter la frontière occidentale, le Rio de las Nueces, jusqu'à la mer ; enfin au midi le golfe du Mexique entre l'embouchure de la Sabine et celle du Nueces : telles sont à peu près les grandes lignes naturelles qui marquent sur la carte la délimitation du Texas. Pour les faire coïncider de tous les côtés, il faut tirer entre quelques-unes de ces lignes naturelles, dans une direction ou dans l'autre, des lignes conventionnelles ou imaginaires, qui n'existent guère, pour la plupart, que sur le papier, et qu'on trouvera indiquées sur toutes les bonnes cartes du Mexique. Le vaste territoire ainsi délimité touche aux États-Unis par l'est et une partie de la frontière du nord, et au Mexique, sauf les futurs contingents, par toutes les autres frontières. Les états de la confédération anglo-américaine limitrophes du Texas sont la Louisiane et l'Arkansas ; les provinces mexicaines sont celles du Nouveau-Mexique, de Chihuahua et de Cohahuila. A l'époque du voyage de M. de Humboldt à la Nouvelle-Espagne, l'intendant de San-Luis-Potosi, dont la province du Texas dépendait sous le rapport administratif, regardait comme sa limite orientale le Rio Mermentas ou Mexicana, qui débouche dans le golfe du Mexique, à l'est de la Sabine ; mais, par l'art. 3 du traité de Washington du 22 février 1819, conclu avec l'Espagne, les États-Unis ont avancé leur frontière à l'ouest jusqu'à la Sabine. En ce moment même, l'état d'Arkansas sollicite du congrès la démarcation plus précise de ses limites du côté du Texas ; et quand la nouvelle république aura été reconnue par son ancienne métropole, il y aura aussi une question de frontières à décider entre elle et le Mexique. Par exemple, un ouvrage sur le Texas, publié à New-York en 1838 par le révérend M. Newell, me paraît reculer beaucoup trop au nord les limites de ce pays, quand il les étend jusqu'au 42e degré de latitude, sur le parallèle du Massachussets et du Connecticut. Il me semble qu'une pareille extension empiète terriblement sur la province espagnole de Santa-Fé ou du Nouveau-Mexique. Actuellement les États-Unis, le Texas et le Mexique ne se disputent guère respectivement que des déserts, comme dans le siècle dernier l'Angleterre et la France, à propos du Canada, de la vallée du Mississipi et de la Louisiane ; mais la population marche vite dans ces solitudes d'aujourd'hui, qui seront défrichées demain, et ces questions de frontières, qui embrassent la possession, de grandes lignes navigables, comme le Rio Bravo del Norte, ou de grands débouchés commerciaux, sont dès à présent fort importantes.

On en jugera, par quelques détails que je donnerai plus tard.

Je ne chercherai pas à indiquer entre quels degrés de latitude et de longitude se trouve compris le Texas, parce qu'il faudrait, pour le faire même vaguement, une analyse trop minutieuse de ses éléments territoriaux. On évalue sa surface à 165 000 milles carrés, ce qui équivaut approximativement à 42 000 000 d'hectares. Il y a donc assez de place pour un grand peuple sur un territoire aussi étendu, quoique ces chiffres soient bien loin des 4 ou 500 000 milles carrés assignés par M. Chester Newell à la superficie du Texas. Laissons là ces détails arides, et occupons-nous de la physionomie du pays. Il suffit de jeter un coup d'œil sur la carte pour voir que le Texas est une des contrées les mieux arrosées qu'il y ait au monde. En allant de l'est à l'ouest, on n'y compte pas moins de neuf fleuves ou rivières considérables, qui sont le Rio-Nueces, le San-Antonio, le Guadalupe, le Colorado, le Brazos, le San-Jacinto, le Rio-Trinidad, le Naches et la Sabine : le plus grand nombre ont leur embouchure dans le golfe du Mexique ; les autres se jettent, non loin de la mer, dans le fleuve principal qui y verse directement ses eaux. Une multitude de cours d'eau secondaires sillonnent de tous côtés la plaine immense, dont les profondeurs sont accessibles, sur une direction presque uniforme du nord-ouest, en partant de la mer, par les grands fleuves que je viens d'énumérer. De la Sabine au Rio-Bravo, cette plaine est pour ainsi dire entièrement de niveau sur le littoral du golfe, et peu élevée au-dessus des eaux de la mer. Plus onduleuse à mesure qu'on remonte vers le nord, elle se couvre de quelques collines à l'est, entre le bassin de la rivière Rouge et celui du Rio-Trinidad, et elle présente à l'ouest une chaîne de montagnes assez hautes, à laquelle on a donné le nom de *Sierra de San-Saba*.

Les cours d'eau qui sillonnent le Texas se ressemblent tous ; ils sont tous profondément encaissés dans les couches meubles de la prairie, et offrent cette physionomie torrentueuse qu'affectent la plupart des rivières de la Nouvelle-Espagne ; la navigation y est quelquefois arrêtée par des *rapides*, et presque tous ont à leur embouchure des barres dont le passage n'est pas toujours sans danger. La première que j'ai vue est celle du *Poisson-Rouge*, à l'embouchure du San-Jacinto, dans la baie de Galveston. Celle de Brazos nuira certainement à l'importance que prend la ville naissante de Velasco ; mais il y a trop d'activité dans la race anglo-américaine pour que ces obstacles naturels ne soient pas bientôt détruits, vaincus ou éludés, partout où la chose sera possible. C'est ainsi qu'en 1838 j'ai vu disparaître le *raft* qui avait obstrué jusqu'alors la navigation du Colorado, un des plus beaux fleuves du Texas. Un peu au-dessus de l'embouchure, à quelques milles au nord de

Matagorda, s'était accumulée, sur une étendue de trois ou quatre milles, une masse énorme de débris de troncs d'arbres et de bois flotté. Les Texiens de Colorado, jaloux de rendre à leur pays une voie de communication aussi importante, ont entrepris sous mes yeux la destruction de ce *raft*, et en peu de temps ils y avaient pratiqué un canal assez large pour qu'un bateau parti de Bastrop, dans la partie supérieure du fleuve, pût facilement gagner Matagorda. Ce travail est du reste un des plus utiles que les citoyens de la nouvelle république aient accompli depuis la déclaration de leur indépendance. L'émigration se porte vivement sur le Colorado, et semble même vouloir momentanément s'arrêter sur ses bords.

C'est par le San-Jacinto que je suis entré dans le Texas. Rien n'était plus frappant que le contraste des solitudes vierges que nous traversions, avec le bateau à vapeur qui nous transportait. Des deux côtés du fleuve, une nature sauvage, des prairies incultes, couvertes de grandes herbes, aucune trace de l'homme, de ses œuvres, de ses besoins ; mais sur ce fleuve, incessamment battu par notre puissante machine, l'art moderne représenté par une de ses plus merveilleuses créations, l'industrie qui change la face du monde, la civilisation résumée dans un de ses instruments les plus énergiques ! Il y avait bien là de quoi remuer l'imagination, et fournir à la pensée un noble aliment. Autour de moi on n'avait pas l'air d'y songer : les gens avec qui je voyageais, appartiennent à une race qui fait de grandes choses sans la moindre poésie. On apercevait çà et là, au milieu de la prairie sans bornes qu'arrose le San-Jacinto, des bouquets ; de grands arbres, espèces d'îlots sur un océan de verdure. Quelquefois la forêt s'avançait jusqu'aux bords du fleuve, et le suivait dans tous ses détours. La végétation n'est pas moins riche que variée dans cette partie du Texas. Aux *taxodium distichum*, aux *juniperus* et aux pins que j'avais remarqués d'abord, succédèrent, en remontant le San-Jacinto, de magnifiques bouquets de chênes, entremêlés d'énormes magnolias à grandes fleurs. Le cyprès chauve de la Louisiane et de beaux lauriers se montraient aussi de temps en temps, et, quoique peu accidenté, le pays n'était ni monotone ni triste. Nous avions éprouvé dans la baie de Galveston un froid assez vif ; mais, à mesure que nous nous éloignions de la côte, la température s'élevait sensiblement ; l'air était très calme, et le sifflement de la vapeur troublait seul le silence de la solitude. Si la végétation était assez belle pour nous faire admirer le désert, la nature vivante, qui se montrait à nous sous des formes plus animées que neuves, suffisait aussi pour l'égayer. Des troupeaux de daims passaient dans l'éloignement ; des milliers d'oiseaux voltigeaient autour de nous ; des bandes immenses de pélicans se laissaient approcher sans témoigner la moindre frayeur, et la nappe d'eau que sillonnait *le steamer* était couverte de canards et d'oies sauvages. On voyait sur les arbres des deux rives une espèce de vautour qui est tolérée à la Nouvelle-Orléans sous prétexte d'utilité publique.

Lynchburg est la première ville que j'aie vue du continent texien. Elle est située sur la rive droite du San-Jacinto, un peu au-dessous du point où ce fleuve reçoit le *Buffalo-Bayou*. Quelques maisons formaient la ville naissante de Lynchburg, et déjà on y remarquait des chantiers en activité ; j'y ai vu un schooner en réparation, et tout indiquait une vocation commerciale pour laquelle la nature a préparé de grandes ressources. Le *steamer* ne s'y arrêta que le temps nécessaire pour prendre quelques passagers. Le général Houston, ex-président de la république, était du nombre. Le soir même, nous visitâmes avec lui, sur les bords du Buffalo-Bayou, dans lequel nous étions entrés, le champ de bataille de San-Jacinto. Comme la navigation devenait difficile et dangereuse pendant l'obscurité, le bateau fut amarré à de grands arbres, sur la rive gauche du Bayou, et les voyageurs s'arrangèrent pour passer la nuit de leur mieux. Les hommes de l'équipage sautèrent à terre, mirent le feu à des arbres, et se couchèrent autour du feu. Pour moi, je revins à bord, après ma petite excursion sur le champ de bataille, que je trouvai encore jonché de squelettes d'hommes et de chevaux.

Le lendemain de bonne heure, on se remit en route ; mais il fallût s'avancer avec précaution, à cause des sinuosités infinies du cours d'eau que nous remontions, de son rétrécissement en certains endroits, et des troncs d'arbres enfoncés dans la vase, qui gênaient souvent la navigation. Nous retrouvions là les redoutables *chicots* des fleuves de la Louisiane. Ce n'était plus une rivière que nous parcourions, c'était un ravin profondément encaissé entre deux murs, au-dessus desquels se croisaient et s'entrelaçaient des arbres, qui souvent laissaient à peine distinguer le ciel. La prairie avait disparu : nous traversions une épaisse forêt. Nous passâmes devant Harrisburg, ou plutôt devant ses ruines, car cette petite ville portait encore les traces de l'incendie auquel Santa-Anna l'a livrée pendant la guerre de 1836, et la population, attirée par Houston, qui était alors le siège du gouvernement, n'était pas revenue tout entière sur son ancien territoire.

Houston, qui porte le nom du premier président de la république texienne, est bâtie, comme Harrisburg, sur la rive droite du Buffalo-Bayou, et à la tête de la navigation de cette rivière, qu'on ne peut 'pas remonter plus loin. Je ne dirai pas qu'Houston est déjà une grande ville, quoique ce soit une capitale ; mais au moins c'est une ville. La principale rue, *Main-Street*, qui est tirée au cordeau et assez belle pour le pays, vient déboucher sur la rivière ; plusieurs autres, parallèles au Bayou, coupent la grande rue à angles droits ; les trottoirs ne sont qu'indiqués, et les constructions achevées laissent entre elles des vides considérables. C'était au commencement de 1838 que je voyais Houston ; deux années y auront changé bien des choses, et je suis sûr que je m'y reconnaîtrais à peine. Cependant la translation du siège du gouvernement à Austin, sur le Colorado, beaucoup plus à l'ouest, a dû arrêter le développement de la première capitale du Texas.

Tout, dans ces villes improvisées en quelques mois, est encore à l'état d'ébauche très imparfaite. Il y règne une confusion assez piquante et une sorte de chaos dont rien, en Europe, ne saurait donner l'idée. Ainsi nous trouvâmes le débarcadère encore obstrué par d'énormes troncs d'arbres ; on a laissé debout, dans les rues, de grands pieds de pin austral ; la pente qui mène de la rivière à la ville est très raide, et l'on y trébuche à chaque pas sur les souches qui l'encombrent. A côté de maisons d'assez belle apparence, mais dont le bois a fait néanmoins tous les frais, on rencontre çà et là ces cabanes de sauvages appelées *log-houses* aux États-Unis. Enfin, pour dernier trait à ce tableau, on voyait, dans *Main-Street* et près du Capitole, deux tentes énormes qui feraient honneur à un chef de Tartares ou de Bédouins.

On ne comptait pas alors à Houston moins de deux cents maisons et de quinze cents habitants. Ceux-ci se multipliaient pour ainsi dire par une activité surhumaine ; mais ils manquent de femmes, comme les Romains avant l'enlèvement des

Sabines. Je fus surtout frappé de cette disproportion numérique entre les deux sexes en arrivant à Houston, parce que la population tout entière, inquiète sur le sort de notre *steamer*, se porta au-devant de nous. Cela se conçoit facilement : le Texas est une colonie toute récente des États-Unis. On remarque le même phénomène dans toutes les populations *adventices*, formées, comme celle-ci, d'émigrants, qui sont pour la plupart des jeunes gens hardis et vigoureux, allant chercher fortune ailleurs que sur leur sol natal. Les femmes sont en minorité dans les possessions australiennes de l'Angleterre, et il en a été long temps ainsi dans les possessions espagnoles du Nouveau-Monde, bien qu'au Mexique et au Pérou les Européens aient trouvé aussitôt à épouser des femmes indigènes. Mais ce vide ne tardera pas à être comblé dans le Texas.

Les environs d'Houston ne sont pas peuplés. La colonisation de cette partie du Texas ne remonte pas à plus de quatre ou cinq ans. Les premiers colons s'étaient portés plus à l'ouest, sur le Brazos, et, à l'époque de mon séjour, un grand nombre de ceux que je voyais arriver dans la ville ne s'y arrêtaient pas ; mais leur passage lui donnait une physionomie très animée. Ils étaient à cheval, armés presque tous du trop fameux *bowie knife*, instrument terrible que les gens de l'ouest des États-Unis font jouer à tout propos. Ils portaient de plus devant eux, en travers de la selle, cette carabine rayée, démesurément longue, dont ils se servent avec une merveilleuse adresse, et que Jackson utilisa si bien à la bataille de la Nouvelle-Orléans. L'entretien de leur cheval ne leur coûte pas cher pendant leur séjour à la ville. Aussitôt que le voyageur est arrivé, on conduit sa monture dans la prairie, où elle reste jusqu'au moment du départ ; c'est un usage général, auquel ne dérogent pas même les membres du congrès.

Houston fait un grand commerce de planches, qui descendent à peu de frais le Buffalo-Bayou et le San-Jacinto jusqu'à la baie de Galveston. On avait établi très près de la ville une scierie qui avait beaucoup d'activité, et dont les produits étaient transportés à la rivière par un petit chemin de fer. Depuis, une société s'est organisée pour la construction d'une autre scierie à vapeur, sur la rive opposée du Bayou, et pour ainsi dire dans l'eau. A mon départ de Houston, ses affaires allaient très bien, et la compagnie faisait même la banque avec succès.

Après le San-Jacinto, en allant de l'est à l'ouest, on rencontre le Rio-Brazos, un des plus grands fleuves du Texas. Le pays qu'il traverse peut être considéré comme le berceau de la nouvelle population texienne et le principal foyer de sa vie politique. Le Brazos est sur bien des points aussi large que la Seine au Pont-Royal ; son cours a plus de 500 milles de longueur, et dans la saison des grandes eaux il est navigable à plusieurs centaines de milles au-dessus de son embouchure. Ses *rapides*, situés à quatre milles au-dessous de San-Felipe de Austin, sont les seuls obstacles sérieux qu'il oppose à la navigation. Ce qui leur donne naissance, c'est un changement de nature dans le lit du fleuve, qui acquiert alors plus de pente, et coule, dans un espace de quelques cents pas, sur des blocs de grès de formes inégales. Les basses eaux mettent ce grès à nu de distance en distance, et les petits canaux qui subsistent entre les blocs découverts ne sont ni assez profonds ni assez larges pour permettre aux bateaux à vapeur de s'y hasarder. Mais comme la pierre qui compose ces blocs se divise très facilement, je crois qu'il serait possible de les faire disparaître, et de rendre le Brazos navigable en tout temps. Le sol de la vallée de ce fleuve est d'une fertilité merveilleuse ; aussi les Anglo-Américains avaient-ils fondé sur ses bords leurs premiers établissements. Il présente en beaucoup d'endroits une singularité assez commune dans cette partie de l'Amérique du Nord, c'est une teinte rouge qui se communique souvent non-seulement au Brazos, mais à d'autres cours d'eau, et qui les a fait appeler par les anciens voyageurs *rivière Rouge* et *Rio-Colorado*. Ce dernier nom désigne à la fois un fleuve du Texas et un fleuve de la Californie. Il existe aussi, entre le Rio-Trinidad et le haut Brazos, un vaste territoire que les colons ont appelé *red lands* (terres rouges), de la couleur de son sol ; à l'extrémité septentrionale du golfe de Californie, on trouve d'autres *terres rouges*, dont parlent les anciennes chroniques des Mexicains, qui s'y arrêtèrent dans leur migration vers le midi, et furent frappés de ce phénomène. Il a fallu des causes géologiques d'une grande étendue et d'une grande puissance pour que cette curieuse anomalie embrasse une si large zone sur le continent américain. Voici l'opinion que je m'en suis faite, et qui se rattache à un évènement dont je fus témoin. Le 22 juin 1838, l'eau du Brazos changea de couleur ; de limoneuse et trouble qu'elle était, elle prit soudainement une teinte rouge foncée de minium. Ce changement, qui s'était opéré tout à coup, sans que le fleuve augmentât ou diminuât de volume, dura quinze jours, et disparut aussi brusquement qu'il s'était manifesté. Je cherchai à connaître quelle pouvait être la cause d'un pareil phénomène, et je m'assurai qu'il était produit par une certaine quantité de péroxide de fer mêlé à de l'argile, et tenu en suspension dans l'eau. Un des affluents du Brazos qui coulent à travers les *red lands* avait sans doute éprouvé une crue subite et enlevé au sol la matière colorante dont le fleuve était imprégné. Cet affluent devait être de peu d'importance, puisque le volume d'eau était resté le même. Les plus vieux planteurs assuraient que les eaux du Brazos n'avaient jamais offert un tel spectacle ; cependant il était facile de voir que ce phénomène ne se montrait pas pour la première fois. Toutes les criques, tous les ravins qui se rendent au fleuve sont remplis de dépôts argilo-sableux d'un rouge foncé, d'âges différents, et la diminution d'épaisseur de ces dépôts, à mesure qu'on se rapproche du niveau du sol, indique un décroissement d'intensité dans la cause qui lui a donné naissance.

J'ai fait sur le Brazos une observation assez importante, que je livre aux calculs de la science et qui mérite un sérieux examen. Ce fleuve, beaucoup moins considérable que le Mississipi, obéit cependant, comme *le Père des eaux*, à une impulsion mystérieuse qui le pousse sans cesse de droite à gauche, en lui faisant abandonner une de ses rives pour empiéter sur l'autre : telle est l'origine de plusieurs petits lacs, en forme de fer à cheval, qu'on rencontre çà et là sur la rive droite. Il y en a un à peu de distance de San-Felipe de Austin, qui nourrit encore les mêmes poissons et les mêmes coquilles fluviatiles que le Brazos, et dans lequel on ne saurait méconnaître l'ancien lit du fleuve.

La ville de San-Felipe de Austin occupe, sur le Brazos, une belle position, à l'extrémité orientale d'une immense prairie qui s'étend jusqu'au Colorado. Centre des établissements anglo-américains dans le Texas, elle était la ville la plus considérable de ce pays à l'époque de l'insurrection. En 1833, un recensement officiel de la population de toute la province portait la sienne, en y comprenant sans doute les campagnes voisines, à plus de 6 000 âmes. C'est dans son sein que fut élaboré le plan de la révolution. Les délégués de la convention générale s'y assemblèrent, le 3 novembre 1835, sous la présidence de M. Archer, y établirent un gouvernement provisoire composé d'un gouverneur et d'un lieutenant-gouverneur, et y signèrent la déclaration solennelle des raisons qui engageaient le peuple texien à prendre les armes contre le Mexique. Berceau de la révolution et de la nationalité texienne, San-Felipe fut victime de la guerre qu'il fallut bientôt soutenir pour les défendre. A l'approche de l'armée mexicaine, commandée par Santa-Anna, les habitants, qui ne pouvaient lui opposer aucune résistance dans une place ouverte et bâtie en bois, mirent eux-mêmes le feu à la ville, pour qu'au moins l'ennemi n'y trouvât pas de ressources, et se retirèrent dans l'intérieur avec ce qu'ils purent emporter. J'ai vu San-Felipe un peu plus de deux ans après ce désastre ; la plupart des familles y étaient revenues, et reconstruisaient leurs maisons ; les traces de l'incendie s'effaçaient rapidement, et de nouveaux colons, arrivant en foule des États-Unis, imprimaient à tous les travaux une grande activité. Plusieurs familles mexicaines y ont aussi rapporté leurs pauvres pénates, avec tous leurs usages, et jusqu'aux ustensiles de basalte qui leur servent à écraser le maïs, nourriture traditionnelle des indigènes de l'Anahuac. Les Anglo-Américains vont si vite en besogne, que San-Felipe doit avoir maintenant l'apparence d'une jolie ville et tous les établissements publics nécessaires à un chef-lieu de province. Au mois de juillet 1838, on avait tracé de nouveau toutes les rues à angles droits, la principale venant aboutir perpendiculairement au Brazos ; on construisait un palais de justice, et la population avait pour temple une grande salle toute nue avec deux rangées de bancs, l'une destinée aux hommes et l'autre aux femmes. A défaut de ministre, c'était un vieux charpentier, récemment arrivé du Massachussets, qui prononçait le sermon de rigueur, et le brave homme, au demeurant, ne s'en acquittait pas mal. San-Felipe a de l'avenir. Un acte de la législature lui a reconnu la propriété de l'immense plaine sur laquelle est située la ville. On a divisé cette plaine en lots qui se vendront bien, car le sol est très fertile. Déjà il se récolte une quantité considérable de coton dans les bas-fonds qui bordent le Brazos, et le pays est habité par de riches planteurs.

La vallée du Brazos est très peuplée. On y compte un certain nombre de villes dont l'importance se développera rapidement, grâce aux émigrations du Missouri, qui a fourni, en 1837 seulement, plus de 6 000 habitants au Texas. La plupart de ces villes sont situées, comme San-Felipe, sur la rive droite du fleuve, qui est beaucoup plus élevée que l'autre et plus saine. On souffre encore de la chaleur à San-Felipe ; mais, en remontant le Brazos, la température change d'une manière sensible. La prairie est plus ondulée, mille ruisseaux limpides l'arrosent dans tous les sens, et je ne doute pas que bientôt la colonisation ne se porte avec ardeur dans cette zone tempérée, qui s'étend jusqu'à la rivière Rouge. Si la navigation du Brazos y est facile, la population qui suivra son cours prendra à revers la Sierra de San-Saba, que ce fleuve contourne à sa pointe nord-est, et se répandra ensuite vers le Rio-Grande ou Bravo, dans un vaste pays que l'on connaît encore bien peu.

On trouve des sources sulfureuses dans l'espace qui sépare le Brazos de Rio-Navasoto, un de ses affluents de l'est. D'autres phénomènes y sont autant de traces d'un bouleversement volcanique. Ainsi, de distance en distance, au milieu de la prairie, le sol est enfoncé d'un ou plusieurs pieds au-dessous du niveau commun, et cela sur une étendue de terrain parfaitement circonscrite et limitée. On pourrait croire que des travaux souterrains auraient fait subitement fléchir les couches supérieures, qui paraissent déchirées et fendues. Les environs de New-Madrid et de Wicksburgh aux États-Unis présentent des enfoncements analogues, et peut-être ces phénomènes ont-ils leur cause dans des convulsions pareilles à celles qui désolèrent, en 1812, une partie de la vallée du Mississipi. La petite rivière du Navasoto est bordée de forêts où j'ai vu de très beaux arbres, et entre autres des peupliers de la

Caroline, dont le tronc avait au moins quinze pieds de diamètre.

La destruction du *raft* qui barrait pour ainsi dire le cours du Colorado, un peu au-dessus de son embouchure, a dû puissamment contribuer au développement de la population et du commerce dans le bassin de ce grand et beau fleuve. Le Colorado a généralement de 7 à 800 pieds de large et de 10 à 15 pieds de profondeur. Il est donc navigable pour les bateaux à vapeur dans la plus longue partie de son cours, et comme il traverse un pays d'une fertilité extrême, comme il donne accès aux montagnes de San-Saba, anciennement exploitées par les Espagnols, comme il pénètre même dans les plaines immenses qui s'étendent au nord-ouest de cette chaîne, on doit en conclure que ses bords ne tarderont pas à devenir une des contrées les plus riches et les mieux habitées de la nouvelle république. La ville de Matagorda, qui est déjà ancienne, lui sert de débouché sur le golfe Mexicain. Malheureusement il existe entre Matagorda et la haute mer une longue barre ou langue de terre, que les vaisseaux ne peuvent traverser qu'en un seul point, à la passe désignée sous le nom de *Boca del Cavallo*, et cette passe n'est pas assez profonde pour être franchie par des bâtiments au-dessus de 300 tonneaux. En 1838, on publiait un journal à Matagorda, qui comptait 500 habitans, et il était question d'établir entre elle et la Nouvelle-Orléans un service régulier de bateaux à vapeur. Colombus, Lagrange, Colorado-City et Bastrop s'échelonnent le long du fleuve à partir de Matagorda, et en remontant vers le nord. Il est certain que la navigation à vapeur ne rencontrerait aucun obstacle depuis la mer jusqu'à Bastrop, et je ne doute pas que bientôt les habitants de cette dernière ville, qui sont très industrieux et très actifs, ne s'entendent avec ceux de Matagorda pour l'organiser sur le Colorado.

On peut regarder le bassin du Colorado comme le centre du Texas ; aussi a-t-il été choisi pour recevoir, en 1810, le siège du gouvernement. Plusieurs villes, Lagrange et Colorado-City par exemple, se sont disputé cet honneur, qui sera en même temps un avantage ; mais c'est plus au nord, à 30 milles au-dessus de Bastrop, que doit être établie la nouvelle capitale. On lui a donné le nom d'Austin, en mémoire du patriarche et du fondateur de la colonie anglo-américaine du Texas. La position de cette capitale improvisée a été choisie avec intelligence. Elle touchera, par la partie supérieure du Colorado, à des districts métallifères sur lesquels vont se porter d'énergiques recherches, et la population qu'elle attirera nécessairement autour d'elle se trouvera sur le chemin des provinces septentrionales du Mexique, c'est-à-dire d'un pays bien mal disposé pour le gouvernement central de Mexico. Des motifs de haute politique ne sont donc pas étrangers à la résolution prise par le congrès texien de transférer la capitale sur le

Colorado, et il ne faut pas le blâmer de cette hardiesse, bien qu'Austin doive pendant quelque temps se trouver à l'avant-garde du mouvement de la colonisation.

C'est entre les embouchures du Brazos et du Colorado que l'on place la baie de San-Bernardo, où l'infortuné Lasalle, cherchant l'entrée du Mississipi, avait fondé son éphémère établissement.

Le caractère de la végétation commence à changer sur les bords du Guadalupe, fleuve assez considérable qui se jette dans la baie d'Espiritu Santo, après avoir reçu la rivière San-Antonio, et qui arrose des prairies très fertiles. Des mimeuses, dont on rencontre çà et là quelques individus égarés dans la grande plaine de San-Felipe de Austin, se montrent ici de toutes parts et souvent s'agglomèrent en sociétés. Leur présence marque le passage d'une zone tempérée à une zone tropicale. Le Guadalupe serait assez large et assez profond pour recevoir des bateaux à vapeur ; mais il est si rapide, que probablement les *steamboats* ne pourraient pas le remonter. On ne trouve sur les bords de ce fleuve que deux petites villes, Victoria, qui est d'origine mexicaine, et Gonzalès, plus au nord, qui est une colonie d'Anglo-Américains établie sur les concessions de terres faites à M. de Witt, du Missouri. L'une et l'autre avaient été abandonnées en 1836. Gonzalès, qui avait déjà pris son essor, fut même brûlée le 10 mars de cette année ; depuis, les anciens habitants y sont revenus,

28

mais la plupart des familles mexicaines dispersées à l'est se replient maintenant sur Victoria.

Les deux plus anciennes villes du Texas, San-Antonio de Béjar et la Bahia ou Goliad, sont situées sur le fleuve San-Antonio. La fondation de la première remonte à l'année 1692, celle de la seconde à 1716. La population y est exclusivement mexicaine. On ne saurait se figurer un plus beau pays. Les environs de Béjar et de Goliad sont délicieux au point de vue pittoresque, et joignent à ce mérite l'avantage d'une fertilité extrême. L'agriculture avait fait de grands progrès dans cette partie du Texas ; les colons mexicains y avaient transporté un système d'irrigation fort bien entendu, et l'on y cultive l'arbre à thé avec succès. A San-Antonio, il ne pleut presque jamais ; le ciel y est d'une parfaite et constante sérénité. Pendant la saison chaude, les brises du golfe rafraîchissent continuellement l'atmosphère. La Sierra de San-Saba défend la ville et ses alentours contre les vents glacés du nord ; mais, ainsi que le Guadalupe, la rivière San Antonio est trop rapide, et la navigation y rencontrerait de grands obstacles.

La physionomie de Béjar est toute mexicaine. On ne remarque point dans les rues, dans les ateliers, dans les boutiques ; cette activité fiévreuse qui trahit à elle seule une race différente dans les villes d'Houston, de San-Felipe, de Colorado. Béjar est régulièrement bâtie ; ses maisons en pierre n'ont qu'un rez-de-chaussée et sont toutes couvertes d'un toit plat bordé d'une balustrade. On y voit une très vieille église, surmontée d'une plate-forme, où le général Cos avait fait placer de l'artillerie en 1835. Au nord-est de la ville, et sur la rive gauche du San-Antonio, se trouvent les débris de l'Alamo, nom fameux dans les annales texiennes. C'était une citadelle assez forte pour le pays, quoique les murs n'en fussent ni bien hauts ni bien épais. Le brave Travis, avec une poignée d'hommes, opposa longtemps aux troupes quarante fois plus nombreuses de Santa-Anna une de ces héroïques défenses qui eussent honoré l'Espagne de 1808. Il ne reste, des missions établies parmi les sauvages, non loin de Béjar et aujourd'hui abandonnées, que de grandes constructions désertes, qui se composaient d'une église et d'une forteresse.

Plusieurs petites bourgades, situées entre le San-Antonio et le Rio de las Nueces, que je considère, jusqu'à nouvel ordre, comme la limite occidentale de la république texienne, ont beaucoup souffert de la guerre de 1836. Elles se relèvent, mais n'ont pas encore d'importance ; ce sont les hommes qui manquent à la terre.

Je dépasserais les bornes naturelles de ce travail, si, laissant derrière moi le Nueces, je pénétrais sur le territoire de la république mexicaine jusqu'aux bords du Rio-Grande ou Rio-Bravo del Norte, le plus grand fleuve de tout le Mexique, par où l'on peut remonter jusqu'au centre de la Sierra-Verde à Santa-Fé, et qui donne accès par le San-Pablo dans l'intérieur de l'état de Chihuahua. Cependant je ne ferais que suivre les progrès de l'armée texienne, qui, d'après les dernières nouvelles, a refoulé les Mexicains sur la rive droite du Rio-Bravo, s'est emparée de Mier et paraît se diriger sur Monclova, ancienne capitale de l'état de Cohahuila y Texas. Quand le gouvernement de Mexico, renonçant à des illusions ridicules, consentira enfin à reconnaître l'indépendance du Texas et à faire la paix avec cette république, ne sera-t-il point forcé de lui abandonner le territoire qui s'étend du Nueces au Rio-Bravo, et de partager avec elle la souveraineté d'une portion du cours de ce fleuve, qui est pour elle de la plus haute importance ? Les évènements en décideront. Il me suffit d'avoir indiqué un pareil résultat comme possible et même comme probable. Maintenant revenons un instant sur nos pas, afin de compléter cette description du Texas par quelques mots sur la partie orientale du pays et sur l'île de Galveston. Les bassins de la Sabine, du Rio-Trinidad et du Naches ne manquent pas d'importance à cause de la proximité des États-Unis et de la facilité des relations avec la Nouvelle-Orléans. La Sabine est navigable en toute saison pour les bateaux à vapeur d'un faible tirant d'eau, jusqu'à 70 ou 80 milles au-dessus de son embouchure, et, en juillet 1838, un *steamboat* a remonté le Rio-Trinidad jusqu'à 400 milles de la mer sans rencontrer d'obstacles, malgré la barre de l'entrée du fleuve, qu'on s'occupait alors de faire disparaître. Il y a donc lieu de croire que cette région participera bientôt aux rapides progrès du reste du Texas, d'autant plus que la terre y est excellente. Déjà il s'y est formé plusieurs centres de population : Jefferson, sur le Cow-Creak, affluent de la Sabine ; San-Augustine, dans la zône des *red lands* ; Nacogdoches, ville mexicaine, fondée au commencement du siècle dernier, et qui compte 500 habitans ; Zavala, sur le Naches ; Anahuac, qui n'était guère jusqu'en 1835 qu'un poste militaire, et les villes naissantes de Cincinnati et de Liberty, où les maisons ne sont pas encore nombreuses.

L'île de Galveston, dont il me reste à parler, n'est autre chose qu'une barre de sable qui ferme la baie assez profonde dans laquelle se déchargent le Rio-Trinidad et le San-Jacinto. On verra, en jetant les yeux sur une carte du Mexique, combien elle présente d'analogie avec toutes les langues de terre qui bordent le golfe, à partir de la lagune de Tamiagua, un peu au-dessus de Tuxpan, et qui vont se prolongeant jusqu'à l'extrémité orientale de la côte du Texas. C'est surtout après avoir dépassé l'embouchure du Rio-Bravo del Norte qu'on remarque tout le long du littoral, entre la terre ferme et la mer, ces bandes de sable très minces qui suivent la courbure du golfe, les unes attachées au continent par un isthme, les autres entièrement isolées et coupées de distance en distance par des passes généralement dangereuses. Une de ces bandes forme la baie de Matagorda. Il est aisé de voir, à leur disposition, qu'elles doivent toutes leur naissance à une cause identique, que je crois être l'action de l'énorme courant atlantique, connu sous le nom de *gulf-stream*, combinée avec les attérissements des fleuves qui traversent le Texas. L'île de Galveston a de 30 à 35 milles de long sur trois de large dans sa plus grande largeur. Elle est très basse et ne présente nulle part plus de 12 mètres d'élévation au-dessus de l'Océan. De hautes graminées, entremêlées de quelques mimosas rabougris, dans les lieux les plus arides, couvrent presque toute sa surface. Du côté du nord, on trouve des *trachinotia*, des soudes et autres plantes des bords de la mer. On y voit aussi, mais en petit nombre, quelques *cactus opuntia* de taille peu élevée. De ce même côté, le rivage se prolonge en pente douce, au loin dans la mer, et rend le mouillage près de terre absolument impossible. Au sud, c'est une ceinture de dunes qui borde l'île. J'y ai remarqué une immense quantité de fort belles coquilles et de gros troncs d'arbres mêlés à ces débris marins.

Tout prouve que l'île de Galveston est de formation très récente. Je l'ai parcourue avec attention, et je n'ai pu y découvrir la moindre trace d'une couche minérale solide. Partout c'est du sable, ou une couche très mince de terreau noir, produit des générations successives de graminées qui sont mortes à sa surface. L'eau douce y est très rare ; on n'en trouve que sur quelques points où le terrain déprimé a conservé de l'eau de pluie, et on ne connaît pas un seul cours d'eau dans l'île entière. Son histoire offre peu d'intérêt. Jusqu'en 1814, elle ne fut guère habitée que par des pirates. Le fameux Laffitte, qui fit trembler pendant longtemps le golfe du Mexique et les côtes de la Louisiane, l'occupait à cette époque. Un Anglo-Américain qui l'avait connu me conduisit à son camp. C'était un carré long, entouré de fossés profonds, et situé près de la mer du côté de la baie, à l'est de la ville actuelle. Le pirate y entassait son butin, et, s'il faut en croire mon *cicérone*, il aurait eu jusqu'à quatorze voiles sous ses ordres. En 1831, l'île était encore déserte. Le gouvernement de Mexico y envoya une garnison de trente hommes vers le temps où éclatèrent les premières collisions entre le Texas et la république ; mais ce ne fut qu'en 1838, et après avoir conquis leur indépendance, que les Texiens y formèrent un établissement permanent. En juin et juillet 1837, j'ai vu colporter à Cincinnati de magnifiques plans de la future ville de Galveston, qui ont été l'objet d'un agiotage effréné ; mais du moins les lots se sont vendus, et, au commencement de l'année suivante, il y avait des maisons, des rues, des chantiers sur cet aride rivage, où les douanes sont déjà très productives. Galveston est cependant exposée à des vents du nord qui poussent l'eau de la baie fort avant dans les terres. On en avait eu un terrible exemple au mois de septembre 1837. La tempête avait transporté à plus de vingt-cinq pas sur le rivage trois bâtiments dont j'ai vu les carcasses enfoncées dans le sable, et un autre navire, chargé de trois cents émigrants dont les squelettes couvraient encore la plage, s'était perdu sur la pointe nord-est. Malgré ces désavantages, Galveston prospère, et entretient un commerce actif avec Houston, qui était encore, à l'époque de mon voyage, la capitale de la république, et qui conserve son importance, même aujourd'hui que le siège du gouvernement est transféré ailleurs. J'y ai remarqué une singulière preuve du génie inventif des Anglo-Américains pour gagner de l'argent, ou, comme ils le disent, pour en faire, *to make money*. Il n'y avait pas encore d'auberge à Galveston, quoique souvent les voyageurs fussent obligés de s'y arrêter avant de traverser la baie. Un bateau à vapeur de sept à huit cents tonneaux, qui venait de la Nouvelle-Orléans, fait une voie d'eau, et se trouve hors d'état de continuer son voyage. En attendant qu'il soit réparé, le propriétaire le conduit en face de la ville, l'échoue sur le sable, et y improvise un établissement de restaurateur où les étrangers sont nourris à raison d'un dollar (5,33) par jour.

Les sauvages, qui ont été pendant plus d'un siècle la terreur des colons espagnols du Texas, ne sont plus très nombreux. Ils peuvent encore détruire çà et là quelques fermes, assassiner quelques voyageurs ; mais leurs faibles restes ne sauraient inquiéter sérieusement les colons, et se replient sans cesse devant la population blanche, qui envahit leurs derniers domaines. Plusieurs tribus n'existent plus que de nom, et les peaux rouges du Texas, qu'il ne faut pas confondre avec les indigènes du Mexique, disparaissent aussi vite que celles des États-Unis. On voit souvent dans les rues d'Houston de misérables indiens de la tribu autrefois puissante des Cushattes, qui s'étendait jusqu'à la Louisiane. Ils sont petits, et plutôt bronzés que rougeâtres. L'eau-de-vie, qu'ils se procurent en échange des produits de leur chasse, les dévore et les abrutit. Une autre tribu des bords du Rio-Grande, les Lappans ou Lipans, ayant envoyé une députation au président de la république, j'ai pu comparer ces deux peuplades. Cette dernière est d'une taille plus élevée ; elle a la peau plus rouge, le maintien plus noble, la physionomie plus fière. On reçut les Lappans avec beaucoup d'égards, et ils dînèrent avec les officiers du gouvernement, qui leur firent un discours contre les Mexicains, si bien que plusieurs Indiens qui savaient un peu d'espagnol crièrent avec eux : *Muerte a los Mejicanos* ! Du reste, ces sauvages ne s'enivrèrent point ; on leur offrit en vain du rhum, du whisky et de l'eau-de-vie ; ils suivirent presque tous l'exemple de leur impassible chef, Castro, qui ne but constamment que de l'eau et du café. Pendant que je me trouvais à San-Felipe de Austin, on y annonça l'arrivée d'une centaine d'Indiens Comanches, qui allaient aussi faire leur traité de paix à Houston. Ils montaient de petits chevaux sauvages qu'on appelle *mustangs*, et formaient avec leurs femmes et leurs enfants une grande caravane. C'était un officier texien qui leur servait de guide. La tribu des Comanches est restée puissante ; on la redoute encore au Texas, où les traditions espagnoles lui ont fait une trop juste réputation de courage et de férocité. Ces Indiens s'arrêtèrent à la droite et un peu au-dessous de la ville, sur le bord du fleuve. Chacun d'eux rendit la liberté à sa monture et la lança dans la prairie : pour toute précaution, un long lacet de cuir pendant avait été attaché au cou des plus indomptables de ces animaux. Les hommes prirent leur pipe et se mirent à fumer gravement, sans presque jeter un coup d'œil sur la ville, et en observant ce rigoureux silence qui est le trait caractéristique de l'indien. A peine descendues de cheval, les femmes coururent au bord du fleuve, couper des branches d'arbres qui, plantées en terre, entrelacées et recouvertes de peaux de *Buffalo* (bison), servirent de tentes. Celle du vieux chef fut établie la première à une certaine distance des autres ; elle était la plus spacieuse et la mieux construite ; deux femmes qui paraissaient appartenir au vieux chef avaient été chargées de ce soin.

Les Comanches sont, pour la plupart, d'une taillé élevée ; leur peau est d'un rouge foncé, et leurs cheveux sont invariablement d'un noir de jais. Quelques-uns, et il m'a semblé que c'était surtout les chefs, les portaient fort longs et pendants en arrière sous la forme d'une tresse jusqu'au milieu du dos ; De belles plaques d'argent, de deux à trois pouces de large, placées à quelque distance les unes au-dessous des autres, étaient attachées à cette tresse. Le vieux chef en avait cinq.

Presque tous ces sauvages avaient, au-dessus du coude, un large anneau de cuivre d'où pendait un grand nombre de chevelures, dont quelques-unes offraient encore des traces d'un sang noir et desséché. Cet anneau de cuivre était chez quelques-uns remplacé par un anneau d'or très grossièrement travaillé. Un Indien d'une vingtaine d'années portait au-dessus du coude deux de ces anneaux auxquels étaient suspendues douze à quinze chevelures, parmi lesquelles il était aisé de distinguer des cheveux différents de ceux des Indiens.

Les hommes étaient généralement enveloppés d'une grande couverture teinte en rouge ou de couleur lie de vin. Quelques-uns portaient une peau de Buffalo avec le poil tourné en dedans. Les femmes étaient toutes et sans exception vêtues d'une espèce de pantalon collant en peau de daim tannée, et d'une veste ronde, souvent sans manches, aussi en peau de daim ; quelques-unes avaient aux doigts des anneaux d'or très grossièrement travaillés. Presque toutes portaient des colliers de verroterie, et il était aisé de voir que les grains de verre allongés, blancs ou rouges ; charmaient surtout les belles Comanches.

Les enfants, dont les plus jeunes n'avaient pas moins de six à sept ans, étaient généralement nus. Mais de tous ces Indiens, celui dont l'accoutrement était le plus étrange, c'était, sans contredit, le vieux chef. Il avait pour vêtement une étroite ceinture rouge au milieu du corps, un habit bleu à collet rouge, des débris d'épaulettes et des boutons de métal, habit analogue à ceux de nos gardes nationaux ou de nos soldats d'infanterie, et un chapeau recouvert de toile cirée, comme ceux de nos postillons. Ce chapeau était celui d'un Mexicain qu'il avait tué peu de temps auparavant, dans une excursion sur les bords du Rio-Grande. Les mœurs des Comanches nous sont peu connues. On sait qu'ils ne sont point cultivateurs, et que, semblables à certains Indiens de l'Amérique du Sud, ils ont appris à dompter le cheval.

Au premier abord, on eut beaucoup de peine à s'entendre avec ces sauvages ; le jeune officier texien comprenait seul quelques mots de leur langue. Heureusement il se trouva parmi eux un pauvre enfant mexicain d'une douzaine d'années environ, qui put servir d'interprète. Cet enfant avait été enlevé par les Comanches après le massacre de sa famille, et fait esclave ; il parlait très bien leur langue et n'avait pas encore oublié la sienne. J'ai cru remarquer que la langue comanche ne manquait pas de douceur ; les mots en sont singulièrement complexes et les sons gutturaux.

Le vieux chef connaissait le pouvoir de *l'eau de feu*, car, un jour qu'on lui en offrait, je le vis faire un geste qui indiquait qu'après avoir bu de ce dangereux breuvage, la tête s'appesantissait, et l'on tombait dans un profond sommeil. Les Comanches passèrent quatre jours à San-Felipe sans qu'on eût à se plaindre de leur conduite. Le jeune officier texien, leur guide, avait été pris de la fièvre intermittente ; mais, grâce au vieux chef, il recouvra promptement la santé. Quelques instances que je fisse, je ne pus obtenir du vieillard qu'il me communiquât son secret. En quoi consistait donc ce traitement héroïque ? Le quinquina était-il connu de l'Indien ? Cet arbre précieux n'a jamais été rencontré à la Nouvelle-Espagne, et, des régions habitées par les Comanches aux montagnes du Pérou, la distance est trop grande pour qu'on puisse un instant supposer les moindres relations. Peut-être ce vieux chef devait-il ses connaissances médicales à quelques Européens ; je serais tenté de le croire, si j'en jugeais par le fait suivant : il fit un jour venir plusieurs enfants indiens et me montra leurs bras, qui portaient des cicatrices vaccinales parfaitement légitimes. Quelle que fût l'origine d'un pareil bienfait, il est certain que ces sauvages avaient compris et adopté ce moyen d'échapper au fléau le plus terrible qu'aient à redouter les Indiens.

Dix jours plus tard, les Comanches étaient de retour à San-Felipe, et les cris sauvages dont ils faisaient retentir la forêt de l'autre côté du Brazos, nous avertissaient de leur approche. Ils attendaient que le batelier leur prêtât le secours de son bac pour traverser le fleuve ; mais depuis quelques jours la seconde crue du printemps avait commencé, et les eaux s'étaient élevées très vite à plus de 40 pieds au-dessus de leur niveau moyen. Le fleuve était couvert de débris et de gros troncs d'arbres, dont quelques-uns portaient encore leurs racines, leurs branches et leur feuillage. Au centre seulement il était plus libre, le courant entraînant vers le bord cette masse énorme de végétaux. Il y avait donc pour le batelier péril imminent à traverser ; mais quelques Indiens, ennuyés d'attendre, se jetèrent dans l'eau et atteignirent l'autre rive sans accident. Sur le soir, on put enfin aller chercher tous les autres : notre vieux chef était du nombre ; il portait à la main une longue tige de bambusacée au sommet de laquelle était attaché un drapeau texien.

Les Comanches retournèrent à leurs tentes. De silencieux et grave qu'il était à son passage, le vieux chef était devenu fort expansif. Il répétait à chaque instant le mot de *Houston ! Houston !* puis il se frappait la poitrine et nous montrait les présens que le président lui avait faits. Il recommença vingt fois ce manège, dans un état d'exaltation incroyable ; c'était la joie d'un enfant. Vingt fois il se fit apporter un grand sac qui était rempli de verroteries, de couvertures et de pièces d'étoffes rouges. Houston et lui étaient deux grands chefs ; ils étaient amis. Toutefois, lorsque les sentiments tumultueux que faisait naître la vue de tant de richesses se furent apaisés, le caractère de l'Indien reparut. Il invitait les Texiens à entrer dans sa tente, et leur montrant des balles de plomb, il s'écriait : *Polvora ! polvora* ! (de la poudre ! de la poudre !) ; puis avec un geste significatif il étalait aux yeux de ses visiteurs de belles peaux de buffalo et de daim parfaitement préparées.

Le drapeau que portait le vieux chef indiquait assez que le traité de paix avait réussi ; mais, de la part des Comanches, il ne devait pas être observé longtemps. Cette même troupe qu'on fêtait à San-Felipe volait, quelques jours après, tous les chevaux qu'elle rencontrait dans les environs de Béjar. Trois Texiens, entraînés par la passion des aventures, le désir de gagner de l'argent et d'ouvrir de nouvelles voies au commerce, avaient accompagné les Indiens dans leurs sauvages retraites. Ces malheureux ne devaient jamais revenir ; on apprit que l'un d'eux avait été assassiné longtemps même avant que les Comanches eussent atteint leurs wigwams, et on n'entendit plus parler des deux autres.

Les restes affaiblis des Indiens Tankoways et Tarankoways habitent le pays qui sépare le San-Antonio de la rivière de la Vaca ; c'est à peine s'ils pourraient mettre cent guerriers en campagne. Le Texas n'a donc rien à craindre que des Comanches, et la population blanche aura souvent à se défendre contre cette race hardie, vigoureuse, et assez intelligente pour attaquer la civilisation avec les armes que celle-ci lui fournira.

Maintenant que nous connaissons le pays, nous allons assister à la formation et au développement de la population qui l'habite, en remontant jusqu'à la fondation des premiers établissements espagnols.

Il n'est pas facile de dire et il est peu important de savoir à qui appartient l'honneur de la découverte du Texas, si toutefois on peut donner le nom de découverte au progrès naturel qui porta un jour les Espagnols-Mexicains du nouveau royaume de Léon ou de la Nouvelle Estramadure sur les rives du San-Antonio et plus à l'est encore, du côté de la Sabine. Quel est le premier Européen qui a mis les pieds sur le territoire actuel du Texas ? L'illustre et infortuné Cabeça de Vaca l'a-t-il traversé dans ce voyage presque miraculeux qu'il a fait par terre, vers 1536, de la Floride aux provinces septentrionales du Mexique ? Doit-on penser, au contraire, que le célèbre et courageux Lasalle, celui qui a le premier descendu le Mississipi jusqu'à la mer, soit aussi le premier qui ait pris possession du Texas, en établissant un fort à la lagune de San-Bernardo, entre Velasco et Matagorda ? Je crois que cela n'est pas douteux, et que, si le chevalier Lasalle s'était maintenu dans l'établissement qu'il avait fondé, la France aurait occupé et conservé le Texas au même titre et du même droit qu'elle a possédé la Louisiane. Il n'en est pas moins étonnant que la cour d'Espagne, qui avait, immédiatement après la conquête du Mexique, pris possession de la Floride, ait tardé, jusqu'à la fin du XVIIe siècle, à s'assurer la domination de tout le golfe du Mexique par une reconnaissance exacte de toutes les côtes et par une chaîne de forts non interrompue depuis Tampico, par exemple, jusqu'à l'extrémité méridionale de la Floride. Il semble que, suivant les errements du grand Cortès, son attention se soit plutôt portée au nord-est dans la direction de la Californie et de la mer Vermeille, c'est-à-dire vers l'Asie, la Chine et les Philippines. Avec sa prétention de fermer la mer du sud aux pavillons des autres puissances européennes, elle se persuadait peut-être qu'il y avait plus de sécurité pour elle à s'étendre de ce côté que sur l'Océan atlantique, et c'était rester fidèle à la pensée de Christophe Colomb, qui avait passé sa vie à chercher l'Orient par l'Occident. Quoi qu'il en soit de ces suppositions, il est certain que l'Espagne, épuisée par les gigantesques travaux du siècle précédent, appauvrie en hommes, pitoyablement gouvernée, succombant sous le poids de sa propre grandeur, n'avait encore rien fait en 1680 pour empêcher le premier venu qui en aurait le courage, de s'établir sur le golfe du Mexique, entre la Floride et l'embouchure du Rio-Bravo del Norte. Tout le pays intermédiaire était abandonné aux sauvages, et personne au Mexique ne soupçonnait l'existence de ce grand fleuve du Mississipi, dont les rives inconnues devaient subir en un siècle et demi la plus étonnante et la plus rapide des transformations.

La découverte du Mississipi par des Français du Canada, qui, partis de Québec en 1673, descendirent ce fleuve jusqu'au confluent de la rivière des Arkansas, les travaux ultérieurs du père Hennepin et du chevalier de Lasalle, sont choses étrangères à l'objet de ces études. Il suffira donc de les avoir sommairement rappelées pour constater la liaison de ces faits avec les premières inquiétudes conçues par l'Espagne sur la conservation du Texas, et par suite avec les premières mesures qu'elle adopta pour y maintenir sa souveraineté. Je ne vois pas, dans l'histoire du Mexique, que le vice-roi de ce pays ou le gouvernement espagnol aient su assez promptement que Lasalle avait descendu le Mississipi jusqu'à la mer en 1682, ni par conséquent que dès cette époque ils se soient occupés de neutraliser les résultats de l'expédition. Mais, en 1684, un chef d'escadre espagnol ayant capturé un bâtiment français dans la mer des Antilles, les prisonniers lui dirent que le chevalier Lasalle était parti de France pour aller fonder un établissement dans le golfe du Mexique. Cette nouvelle, qui était vraie, fut aussitôt communiquée au vice-roi de Mexico, le marquis de la Laguna. Alors, dit l'historien auquel j'emprunte le récit de ce fait, le vice-roi, craignant que cette intrépide nation ne prît racine dans ces parages, au grand détriment de la Nouvelle-Espagne, écrivit au gouverneur de la Havane, pour l'engager à confier le commandement d'une frégate au célèbre pilote Juan-Enriquez Barroso, avec mission d'explorer tout le littoral du golfe du Mexique, et de constater où en était l'entreprise des Français. M. de Lasalle était effectivement parti de La Rochelle en 1684, pour aller fonder aux bouches du Mississipi un établissement français, et ce fut à cause d'une erreur d'estime qu'au lieu d'exécuter ce projet, il s'avança le long de la côte du Texas, à 120 lieues du Mississipi, et fonda son établissement dans la baie de San-Bernardo. Cependant le gouverneur de la Havane, conformément aux ordres du vice-roi, avait expédié le pilote Barroso à la recherche des Français dans le golfe du Mexique. Celui-ci n'en avait pas trouvé trace, et à la fin de 1686 il revint à la Vera-Cruz pour informer le vice-roi du résultat de sa mission. Son rapport fut envoyé à Madrid. Néanmoins, comme le bruit du dessein des Français avait fort inquiété la cour d'Espagne, le nouveau vice-roi, comte de Monclova, qui arriva peu après, et qui avait des instructions expresses à ce sujet, résolut de vérifier *à fond* (c'est le terme de l'historien espagnol) si les Français avaient ou non fondé quelque colonie dans le golfe du Mexique, et réunit à cet effet les capitaines de la flotte pour adopter les mesures convenables. En conséquence, avant même de partir pour Mexico, il expédia de la Vera-Cruz deux brigantins chargés de relever toute la côte jusqu'aux monts Appalaches dans la

Floride. Les brigantins ne furent pas plus heureux dans leur recherche que la frégate du pilote Barroso ; seulement les débris de bâtiments français qu'ils rencontrèrent çà et là pendant leur exploration, leur prouvèrent à la fois et la réalité du projet et le peu de succès qu'il paraissait avoir eu. En effet, l'établissement de la baie de San-Bernardo n'existait déjà plus. Lasalle avait été assassiné par les indignes compagnons de son entreprise, et ceux qui l'avaient suivi s'étaient dispersés pour la plupart. Mais ce n'était pas assez pour le comte de Monclova du résultat des recherches qu'il avait prescrites. Craignant toujours que les Français ne vinssent à s'introduire dans le Mexique par le nord-est, il fonda parmi les Indiens de la province de Coahuila, qui s'étaient récemment soumis, le fort ou *presidio* de Monclova, qui est aujourd'hui la capitale de l'état ou province de Coahuila, et qui lui était commune avec le Texas. La première colonie se composait de cent cinquante familles et comptait deux cent soixante hommes capables de porter les armes contre les Français.

Au reste, ce n'était pas sans raison que le vice-roi continuait à prendre ses précautions contre les projets hardis de la France. En 1688, il apprit, non sans étonnement, que trois Français, partis du Canada selon toute vraisemblance, pour la nouvelle colonie du golfe du Mexique, étaient arrivés à Santa-Fé, capitale du Nouveau Mexique. Le comte de Galve, son successeur, auquel il venait de remettre la vice-royauté, n'en fut pas moins étonné que lui-même, et ils résolurent tous les deux, pour savoir enfin à quoi s'en tenir, d'envoyer par terre, à l'endroit où l'on supposait que les Français avaient fondé la colonie, le gouverneur de Coahuila, avec un détachement de soldats, un géographe et un interprète. Cette fois, la recherche des Espagnols eut un résultat plus satisfaisant. Après avoir traversé de vastes solitudes, le chef de l'expédition atteignit la lagune de San-Bernardo, et y reconnut aisément, au milieu des ruines d'un fort inachevé de construction récente, les cadavres de plusieurs Français percés de flèches ou tués à coups de massue. On demanda aux Indiens du voisinage quelques renseignements sur ce qui s'était passé : ils répondirent qu'ils n'en savaient rien, mais que des étrangers, qui étaient restés parmi eux dans les environs, leur raconteraient toute l'histoire. Des Espagnols envoyés à la recherche trouvèrent effectivement chez les sauvages cinq Français, dont deux seulement se décidèrent à les suivre, et furent envoyés à Mexico d'où le vice-roi les fit passer en Espagne. D'après leur récit, ils auraient été attaqués à l'improviste par les Indiens, pendant qu'ils construisaient le fort dont les Espagnols avaient vu les ruines ; écrasée par le nombre, leur petite troupe aurait succombé tout entière, à l'exception de cinq hommes qui avaient sauvé leur vie par miracle, et l'entreprise n'avait pas eu d'autres suites.

Cependant le vice-roi de Mexico et la cour d'Espagne conclurent avec raison de tous ces faits que la France avait sérieusement songé à fonder quelque établissement sur la côte septentrionale du golfe du Mexique, et cherchèrent les moyens de prévenir le renouvellement de pareilles tentatives. Un fort ou *presidio* fut d'abord établi sur le point même où les Français avaient débarqué, dans la haie de Saint-Bernard. Puis, on s'est avancé de Cohahuila dans l'intérieur du Texas, en y envoyant à la fois des soldats et des missionnaires. Pensacola est fortifiée en 1696, et aussitôt après la paix d'Utrecht, les missions et les *presidios* du Texas se multiplient. Plusieurs fois abandonnés, ces établissements ont toujours été relevés par l'Espagne dans le cours du siècle dernier, jusqu'en 1764, pour arrêter les incursions des Français de la Louisiane sur le territoire du Mexique. Mais la population y était faible et le commerce nul, quoique la beauté du climat, la fertilité du sol, la facilité des communications dans ces vastes plaines et le long de ces belles rivières fussent choses bien connues des Espagnols dès 1730. L'auteur d'une histoire manuscrite du nouveau royaume de Galice, composée en 1742, regrette que la salubrité du pays, dont la température, dit-il, ressemble à celle de l'Europe, l'aptitude évidente du sol pour un grand nombre de cultures précieuses, l'abondance des bois de construction, du gibier dans les plaines, du poisson dans les rivières, l'étendue des prairies qui auraient aisément nourri d'immenses troupeaux, que tant d'avantages si rares dans les âpres *sierras* du Mexique n'aient pas attiré au sein du Texas une population agricole. Il en était encore à peu près de même au commencement de ce siècle ; déjà néanmoins on prévoyait sous quels auspices la civilisation, l'industrie et le travail s'introduiraient dans le Texas, et par quelle race d'hommes serait fécondé ce champ que l'Espagne avait dédaigné de cultiver. On comprend que je veux parler des États-Unis et de la race anglo-américaine. En effet, les conséquences de leur voisinage ne devaient pas tarder à se développer, et les évènements politiques de l'Europe, qui ont toujours exercé une grande influence sur les destinées du Nouveau-Monde, devaient accélérer la marche d'une révolution pressentie dès-lors comme infaillible.

Après avoir puissamment contribué au triomphe des Anglo-Américains et à la création des États-Unis comme république indépendante, l'ancien gouvernement de la France, presque effrayé de la rapidité de leurs progrès, ne désirait plus les voir s'étendre au-delà des limites de 1783, et s'applaudissait que l'Espagne fût en possession de tout le littoral du golfe du Mexique. Mais quand le premier consul, voulant opposer les États-Unis à l'Angleterre, leur eut cédé la Louisiane, dans l'intention systématique de les agrandir et de les fortifier, le cabinet de Washington dut concevoir aussitôt la pensée d'enlever la Floride à l'Espagne affaiblie, et de pousser le plus loin possible à l'ouest les frontières de sa nouvelle acquisition. Quelques esprits aventureux, et entre autres le trop célèbre Aaron Burr, exagérant les idées de leur gouvernement, conçurent même pour leur propre compte le projet d'envahir et de révolutionner le Mexique. Cette fois la théorie devançait la pratique de trop loin ; mais les circonstances favorisèrent jusqu'à un certain point la politique envahissante des États-Unis. L'Espagne, épuisée par la guerre de l'indépendance, incapable de soumettre par la force ses colonies révoltées, trop aveuglée par l'orgueil pour comprendre la nécessité de transiger avec elles, abandonna la Floride en 1819 à la confédération anglo-américaine. Le même traité fixait les limites de la Louisiane plus à droite du Mississipi que ne l'eût désiré la cour de Madrid, mais confirmait au moins les droits de l'Espagne sur la presque totalité de la province du Texas.

A cette époque, les citoyens des États-Unis n'avaient pas encore pénétré au-delà de la Sabine et de la rivière Rouge, sur un territoire dont la législation coloniale de l'Espagne interdisait l'accès aux étrangers. C'était à peine si quelques aventuriers intrépides, moitié chasseurs et moitié marchands, s'étaient glissés parmi les sauvages, au milieu desquels ils vivaient dispersés. Mais dans tous les états de l'ouest et du sud on savait combien le Texas présenterait de ressources à l'agriculture, quelle était la richesse de son sol, la beauté de ses forêts, la salubrité de son climat ; quelles facilités offrirait pour le commerce intérieur le nombre des cours d'eau qui l'arrosent, et combien les ports multipliés du littoral seraient avantageusement situés pour le commerce maritime, si l'Espagne se relâchait un peu de son système d'exclusion ou si la cause de l'indépendance triomphait au Mexique. Il y avait déjà longtemps que les citoyens de la Louisiane traversaient le Texas dans toute sa largeur pour se rendre dans les provinces septentrionales de la Nouvelle-Espagne. Réunis pendant quarante ans, sous la même domination, les Français de la Louisiane et les Espagnols du Mexique s'étaient liés par des relations de commerce qui survécurent à la prise de possession de la première par les États-Unis. En 1805, M. de Humboldt vit au Mexique un certain nombre de personnes qui avaient fait ce long voyage, plus dangereux à cause des incursions des sauvages que difficile sous le rapport des obstacles naturels, et, avec sa sagacité ordinaire, il pressentit les infaillibles conséquences d'une pareille facilité de communications. Le caractère de la race anglo-américaine justifiait entièrement ces prévisions. Le gouvernement des États-Unis ayant renoncé, par le traité de 1819, à ses prétentions sur le Texas, un citoyen du Missouri, M. Moses Austin, entreprit l'année suivante d'établir, au milieu des Espagnols, une colonie de ses compatriotes par les voies pacifiques et légales, avec l'autorisation du cabinet de Madrid, et il y réussit ; car il obtint des autorités espagnoles une grande étendue de pays, à condition d'y amener trois cents familles de colons industrieux et professant la religion catholique. Puis il retourna au Missouri pour mettre ordre à ses affaires et prendre toutes les mesures convenables à l'effet de remplir le plus tôt possible les conditions qui lui étaient imposées. Mais l'exécution de ce dessein était réservée à son fils. Moses Austin étant mort subitement au milieu de ses préparatifs, M. Stephen Austin prit sans hésiter la direction de l'entreprise, et eut bientôt engagé, dans les états de la Louisiane, du Missouri et du Tennessee, un nombre considérable de colons, avec lesquels il se transporta au Texas. Sur ces entrefaites eut lieu la révolution qui sépara le Mexique pour jamais de la couronne d'Espagne. M. Stephen Austin demanda au gouvernement d'Iturbide la confirmation des concessions faites à son père en 1821, et l'établissement définitif de la colonie se trouva ainsi réalisé.

Cette émigration de quelques familles de l'ouest des États-Unis au-delà de la rivière Rouge fut à peine remarquée à l'époque où elle eut lieu. Évènement obscur et sans éclat, perdu au milieu des révolutions du Mexique et du grand mouvement de la confédération anglo-américaine, il n'eut aucun retentissement en Europe, et il est probable que parmi les témoins, les acteurs et les promoteurs de l'entreprise, bien peu en apprécièrent exactement la portée. C'est la marche et la loi de toutes choses en ce monde : un commencement inaperçu, une source cachée, souvent inaccessible, des premiers pas incertains, des progrès ignorés ; puis un grand fait qui éclate, un empire qui se révèle, une nation qui prend hardiment sa place, une révolution qui triomphe de toute résistance. Pour le Texas, le développement a été rapide ; les conséquences de la concession faite à Moses Austin n'ont pas tardé à se manifester. Quelques années devaient suffire pour donner une force irrésistible d'expansion à cet élément étranger que le Mexique avait admis dans son sein. La population du Texas n'étant pas assez nombreuse pour que cette province pût former à elle seule un état séparé, la constitution fédérale l'avait unie à la province de Coahuila, où l'élément espagnol dominait exclusivement. La capitale de l'état se trouva ainsi fort éloignée des premiers établissements anglo-américains. Ce ne fut pas le seul inconvénient de cette union. Pour encourager la colonisation du Texas, la législation mexicaine, qui proscrivait la traite, permit néanmoins l'introduction des esclaves par terre, ce qui préparait, dans un avenir très rapproché, une opposition de principes sociaux dans un état dont les deux moitiés ne pouvaient conserver longtemps les mêmes intérêts. Cependant les premières années se passèrent sans collision, et le gouvernement de Mexico ne cessa d'attirer les citoyens des États-

Unis au Texas et dans les provinces voisines, par des concessions de terres sur lesquelles on agiota beaucoup à New-York. Les colons eux-mêmes étaient encore trop peu nombreux, trop faibles et trop préoccupés des soins matériels de leur établissement pour songer à se séparer du Mexique. Aussi, dans les troubles causés à Nacogdoches, en 1827, par un certain Edwards, se déclarèrent-ils hautement pour l'autorité légale. Mais la lutte qui s'est terminée en 1836 par le triomphe des Texiens, était dès-lors sur le point de s'engager. Ce fut l'ambition du cabinet de Washington, favorisée par les déchirements de la république mexicaine, et stimulée par des causes particulières à l'Union elle-même, qui en donna le signal ; car la question se présenta d'abord sous une forme qu'elle devait conserver longtemps, celle de l'adjonction du Texas aux États-Unis.

Il y avait déjà huit ans que les Anglo-Américains s'étaient introduits dans le Texas, quand les États-Unis entamèrent des négociations avec le gouvernement de Mexico, pour l'acquisition de cet immense territoire. Les ressources naturelles du pays, la beauté de son climat, la possibilité d'établir sur ses fleuves la navigation à la vapeur, étaient alors bien reconnues dans toute l'Union, et principalement dans les nouveaux états de l'ouest et du sud. Ces derniers avaient de fréquents rapports avec les colons du Texas, qui, pour la plupart, étaient sortis de leur sein ; surchargés d'esclaves, ils voyaient dans l'acquisition du Texas un moyen d'écoulement pour le superflu de cette population noire qui perdait chaque jour chez eux de sa valeur, et dont ils ne pouvaient utiliser les bras en proportion de son accroissement. Le Texas, au contraire, offrait au travail esclave une carrière presque sans bornes, et pour ainsi dire inépuisable, non moins par son étendue que par le genre de cultures auquel la richesse de ses plaines vierges promettait le plus beau succès. En transportant leur frontière au Rio-Bravo-del-Norte, les États-Unis se seraient considérablement rapprochés des grands districts métallifères, et de plusieurs provinces du Mexique, dont la population, déjà ancienne, assez riche, et privée d'industrie, aurait assuré à leur commerce un précieux débouché. C'eût été enfin un pas de plus, et un grand pas vers la mer de Californie et l'Océan Pacifique, si laborieusement atteint, mais beaucoup plus au nord, par les âpres défilés des Montagnes Rocheuses, et les déserts sablonneux de leur revers occidental. Aussi, à la fin de 1829, et pendant les premiers mois de 1830, l'idée d'acquérir le Texas devint-elle très populaire dans le Tennessee, le Missouri, l'Arkansas, la Caroline du sud, la Virginie, et généralement dans tous les états à esclaves. Le bruit s'étant répandu alors que M. Poinsett, ministre des États-Unis à Mexico, négociait avec le gouvernement de cette république pour l'acquisition du Texas, les journaux de Baltimore, de Saint-Louis, de

Charleston, s'emparèrent de la question, et favorisèrent ce projet avec une ardeur extraordinaire. Une suite d'articles sur ce sujet, publiés dans un journal du Missouri, et qui produisirent une vive impression, fut attribuée au colonel Benton, qui siège actuellement dans le sénat des États-Unis, où il s'est signalé par la véhémence de son zèle pour l'administration du général Jackson. D'autres articles dans le même sens furent écrits sous l'influence du gouverneur M. Duffle, de la Caroline du sud. On croyait d'ailleurs, et avec raison, que le nouveau président était personnellement favorable aux vues des états du sud et de l'ouest, sur le Texas. Défenseur de la Louisiane contre les Anglais, en 1814, grand propriétaire et propriétaire d'esclaves dans le Tennessee, représentant des idées et des intérêts de l'immense vallée du Mississipi, qui est à elle seule un monde tout entier dans l'Union américaine, Jackson semblait destiné à étendre sur les anciens domaines de l'Espagne l'empire de cette race envahissante dont il partage les passions et les irrésistibles instincts.

Le pressentiment universel qui réservait à la présidence de Jackson l'acquisition du Texas par les États-Unis a été sur le point de se réaliser, et n'a pas été entièrement trompé, au moins en ce sens que le Texas n'appartient plus au Mexique, et que la politique du cabinet de Washington a prodigieusement favorisé de toutes manières, pendant les années 1835 et 1836, la révolution qui a livré cette province, non pas à la confédération, mais à la race anglo-américaine. Le peu de temps qu'il a fallu pour atteindre un si grand résultat prouve combien étaient puissants les motifs politiques et sociaux qui, dès 1829, poussaient une partie considérable des États-Unis à en poursuivre l'accomplissement. Ils avaient mis vingt ans à conquérir l'embouchure du Mississipi, dont leurs hommes d'état, non moins que l'instinct populaire, avaient, le lendemain de la révolution, jugé la possession, indispensable à leur développement. Plus tard, quand leur force d'expansion est plus que doublée, ils ne mettent que six ou sept ans à prendre possession du Texas, d'une manière complète, quoique indirecte, par leurs formes de gouvernement, leurs institutions, leurs mœurs, leur langue, leurs enfants, leur industrie, les intérêts essentiels de leur nationalité.

Le bruit qui avait couru aux États-Unis, en 1829, de négociations entamées avec le Mexique pour la cession du Texas, était fondé. M. Poinsett, aujourd'hui ministre de la guerre à Washington, et alors, comme nous l'avons dit, représentant de son pays auprès de la république mexicaine, espérait peut-être réussir dans cette négociation difficile, grâce à l'intimité de ses relations avec Zavala, qui était l'âme de l'administration du président Guerrero, et avec le parti des *Yorkinos*, que la révolution du mois de décembre 1828 avait porté aux affaires. Zavala venait d'obtenir lui-même d'immenses concessions de terrains au Texas, et pour leur donner quelque valeur, il devait désirer ou que cette province fût transférée aux États-Unis, ou que la colonisation par les Anglo-Américains s'opérât sur une très grande échelle. Le Mexique, menacé d'une invasion espagnole qui eut lieu effectivement dans le cours de l'année, se trouvait d'ailleurs en proie, comme toujours, à une extrême détresse financière, et pouvait être accessible à des propositions d'emprunt, de la part du cabinet de Washington, hypothéquées sur le Texas. « Cela nous arrondirait, disait alors M. Poinsett en parlant de l'acquisition de ce pays, et, si on voulait nous le vendre, je me ferais fort de l'acheter. » Mais quoi que ce diplomate actif et remuant dût se promettre d'un concours de circonstances aussi favorables, l'évènement ne répondit point à son attente.

Pendant que M. Poinsett sondait le terrain, la république mexicaine repoussait le dernier effort de l'Espagne contre son indépendance. Conçue dans les proportions les plus mesquines et misérablement conduite, l'entreprise de Barradas n'avait aucune chance de succès. La trahison seule aurait pu la faire réussir, et Santa-Anna ne trahit point. La misérable tentative des Espagnols échoua donc honteusement. On accusa les États-Unis de l'avoir favorisée, ce qui ne me paraît pas vraisemblable, et, dans l'exaltation du triomphe, tous les partis se prononcèrent en même temps contre les ambitieux projets du cabinet de Washington. Une autre circonstance vint ajouter aux défiances réciproques des deux gouvernements. Le président Guerrero, pour faire face aux dangers de la situation et animer l'enthousiasme patriotique du peuple mexicain, en avait appelé aux sentiments de liberté, aux idées et aux passions révolutionnaires, qui l'avaient porté lui-même au pouvoir. M. Poinsett était démocrate ; il s'était associé, d'une manière assez ostensible, à tous les mouvements du parti des *Yorkinos*, opposé à la faction aristocratique ou écossaise ; mais il n'était pas abolitionniste ; et lorsque Guerrero, à l'occasion de l'anniversaire de l'indépendance (15 septembre 1829), proclama l'abolition de l'esclavage dans toute la république, cette mesure le mécontenta beaucoup et inquiéta son gouvernement, à cause de la sensation qu'elle devait produire parmi la population noire des états à esclaves. Guerrero voulait faire plus encore. M. Poinsett apprit avec effroi qu'il songeait à se mettre en rapport avec le président de la république d'Haïti, pour soulever les esclaves de Cuba. Le ministre des États-Unis se trouva alors au Mexique dans une position très difficile. Le parti *écossais* ne lui pardonnait pas la révolution du mois de décembre précédent, qui avait exclu de la présidence Gomez Pedraza. Le parti démocratique, au sein duquel il existait de grandes divisions, prenait au sérieux sa couleur libérale, et menaçait indirectement l'union anglo-américaine par le contrecoup de sa politique abolitionniste. Dans l'une et dans l'autre faction, le sentiment national se révolta instinctivement contre les prétentions du cabinet de Washington sur le Texas, et il est permis de croire que l'influence anglaise ne fut pas étrangère à cette manifestation universelle d'hostilité contre les États-Unis. Bientôt le vainqueur des Espagnols, Santa-Anna, qui était l'idole du jour, exigea la destitution de Zavala, son ennemi, de Zavala, qui est mort citoyen du Texas, et il demanda en même temps le renvoi de M. Poinsett. L'opinion publique fut encore animée contre les États-Unis par la publication d'une correspondance du général Bravo avec M. Bustamente, sur ce qu'on avait à craindre de leur ambition. Les commentaires offensants sur le caractère mexicain, que les journaux du sud et de l'ouest de l'Union, partisans de l'acquisition du Texas, joignirent à leurs articles sur ce sujet, dans les derniers mois de 1829, ne purent qu'exaspérer davantage, et ce sentiment général fit explosion, d'une manière pour ainsi dire officielle, dans un mémoire présenté au congrès mexicain par le secrétaire d'état, à la fin de cette même année. Je citerai ici un extrait de ce document, parce qu'il jette un grand jour sur l'histoire morale de la lutte soutenue pendant quelques années entre la race espagnole du Mexique et la race anglo-américaine pour la possession du Texas.

« Les Américains du Nord, dit le secrétaire d'état mexicain, commencent par s'introduire dans le pays qu'ils convoitent, sous prétexte d'opérations commerciales ou de colonisation, avec ou sans l'autorisation du gouvernement auquel il appartient. Ces colonies grandissent, se multiplient, deviennent bientôt l'élément principal de la population ; et aussitôt ce fondement posé, les Américains du Nord commencent à élever des prétentions qu'il est impossible d'admettre, qui ne soutiennent pas une discussion sérieuse, et qui sont basées, par exemple, sur des faits historiques contestés par tout le monde, comme les voyages de Lasalle, dont la fausseté est maintenant reconnue, mais qu'ils n'en invoquent pas moins à l'appui de leurs prétendus droits sur le Texas. Ces opinions extravagantes sont d'abord présentées au monde par des écrivains inconnus, et le travail que d'autres s'imposent pour chercher des preuves et pour établir leurs arguments, ceux-là l'évitent au moyen d'assertions hardies qui, au lieu de prouver la bonté de la cause, ne sont destinées qu'à faire comprendre à leurs concitoyens les avantages du succès. Leurs manœuvres dans le pays qu'ils veulent acquérir se manifestent ensuite par l'arrivée d'explorateurs qui s'y établissent la plupart, sous prétexte que leur résidence ne préjuge pas la question du droit de souveraineté. Ces *pionniers* excitent peu à peu des mouvements qui troublent l'état politique du territoire en litige ; puis viennent des mécontentements et des collisions calculés de manière à fatiguer la patience du légitime propriétaire, et à diminuer les avantages de la possession. Quand les choses en sont arrivées à ce point, ce qui est précisément le cas du Texas, alors commence le travail de la diplomatie. L'inquiétude qu'ils ont excitée dans le pays, les intérêts des nouveaux colons, les révoltes qu'ils provoquent parmi les aventuriers et les sauvages, l'obstination avec laquelle ils soutiennent leurs prétentions à la propriété du territoire, deviennent le sujet de notes où la modération et la justice ne sont respectées que dans les mots, jusqu'à ce que, grâce à des incidents qui ne manquent jamais de se présenter dans le cours de pareilles négociations, il se conclue un arrangement aussi onéreux pour une des deux parties que favorable à l'autre.

« Et quand les États-Unis ont réussi de cette façon à introduire leurs citoyens en majorité dans le pays qu'ils convoitent, ils profitent généralement, pour faire valoir leurs prétendus droits, du moment où leur adversaire est plongé dans les plus grands embarras. Telle est la politique dont ils ont commencé à user pour l'affaire du Texas. Leurs journaux se sont mis à discuter le droit qu'ils s'imaginent avoir à la souveraineté de cette province jusqu'au Rio-Bravo-del-Norte. On imprime et l'on répand de tous côtés de petits pamphlets sur la convenance de son acquisition. Il y a des gens qui proclament tout simplement que la Providence a fixé elle-même le Rio-Bravo pour limite respective des deux républiques, ce qui a fait accuser les États-Unis, par un auteur anglais, de vouloir rendre la Providence complice de leurs usurpations. Mais ce qui est bien remarquable, c'est qu'ils ont engagé cette discussion avec nous aussitôt qu'ils nous ont vus occupés à repousser l'invasion espagnole, dans la persuasion que nous ne pourrions de longtemps songer à aucun autre ennemi. »

On voit que le gouvernement mexicain comprenait parfaitement, dès cette époque, le danger dont il était menacé par la multiplication rapide des colons anglo-américains dans le Texas. Déjà leur dévorante activité étendait ses spéculations au-delà des bornes de cette province. Le fils de Moses Austin avait obtenu de chacun des états que traverse le Rio-Bravo le privilège exclusif d'établir sur ce beau fleuve la navigation à vapeur. Il se promettait de remonter à son premier voyage jusqu'à Chihuahua, et il ne doutait point de pouvoir un jour atteindre Santa-Fé, capitale du Nouveau-Mexique. Le succès de cette gigantesque entreprise aurait livré au capitaine Austin et à ses compatriotes le commerce des provinces septentrionales de la confédération mexicaine, et bientôt l'état de Santa-Fé aurait subi une double invasion, celle des habitants du Missouri par le nord-est, et celle des colons du Texas par le midi. Alarmé de ces projets ambitieux, qui se produisaient si hardiment au grand jour, le nouveau gouvernement de Mexico,

64

dirigé par M. Alaman après la chute du président Guerrero, prit le parti de maintenir sa souveraineté sur le Texas en prohibant toute émigration ultérieure des Anglo-Américains. La loi rendue à cet effet par le congrès est du 6 avril 1830. La suite des évènements prouvera qu'il était trop tard, et qu'on avait fermé les portes de la place quand déjà l'ennemi s'était introduit en force dans les murs. D'ailleurs, il est peu probable que la loi du 6 avril ait suffi pour arrêter l'irrésistible courant de l'émigration. Rien n'est plus rare dans l'Amérique espagnole que le respect de la loi. C'est depuis longtemps, dans l'ordre politique comme dans l'ordre civil, la terre classique de l'anarchie. Institutions, régime électif, représentation nationale, liberté de la presse, justice et tribunaux, ne sont que de pures fictions dans ces républiques, où le caprice d'un régiment et la mauvaise humeur d'un général bouleversent le pays tous les ans au moins une fois. Il serait donc fort étonnant que, depuis le mois d'avril 1830 jusqu'à la révolution de 1836, les Anglo-Américains de la Louisiane, de l'Arkansas et des autres états voisins, eussent regardé le Texas comme une terre sacrée, et se fussent religieusement abstenus d'y pénétrer. Je tiens au contraire pour avéré que la colonisation y a marché son train, sous l'œil inquiet et l'impuissante surveillance de quelques garnisons mal payées, jetées aux deux extrémités de la province.

La résistance que rencontrèrent, dans les dispositions du Mexique tout entier, à la fin de 1829, les projets avoués du cabinet de Washington sur le Texas, ne fut probablement pas la seule qui le força d'en ajourner l'exécution et de recourir à d'autres moyens pour atteindre son but essentiel. Outre l'inquiétude qui se manifesta immédiatement au sein des états du nord de l'Union, le gouvernement mexicain trouva encore un puissant appui dans la politique de l'Angleterre, jalouse de la grandeur croissante des États-Unis. M. Huskisson, dans le cours d'une discussion sur les affaires de l'Espagne et du Mexique, dénonça au parlement les manœuvres du cabinet de Washington pour séparer le Texas de la confédération mexicaine. Il rappela combien l'acquisition des Florides par les États-Unis avait alarmé la Grande-Bretagne pour la sécurité de ses possessions dans les Indes occidentales ; puis, révélant un projet auquel il est permis de croire que l'ambition anglaise n'a pas renoncé, il dit que le Mexique devait être maintenu en possession du Texas, puisque l'opposition du cabinet de Washington avait fait échouer les négociations de l'Angleterre avec l'Espagne, pour en obtenir la cession de Cuba. Les États-Unis n'ont pas absorbé le Texas ; mais le Texas est aujourd'hui indépendant du Mexique, et la race anglo-américaine y domine. L'esclavage, dont l'Angleterre poursuit l'abolition dans le monde entier, soit par intérêt, soit par philanthropie, a jeté de profondes racines dans cette nouvelle république, et le gouvernement anglais en témoigne son mécontentement par une singulière obstination à ne point la reconnaître. Faudra-t-il, selon le système de compensation développé par M. Huskisson, que, pour se consoler de l'indépendance du Texas, la Grande-Bretagne se fasse céder Cuba par l'Espagne nécessiteuse et obérée ?

SECONDE PARTIE

En proclamant l'abolition immédiate de l'esclavage dans toute l'étendue de la république mexicaine, le président Guerrero manquait certainement à une des conditions sous la foi desquelles les colons anglo-américains étaient venus s'établir dans le Texas. On peut même affirmer que cette condition avait été essentielle et déterminante à leurs yeux, non-seulement parce qu'ils étaient pour la plupart originaires d'états à esclaves, mais parce que, réduits au travail libre, ils n'auraient pu donner à leurs exploitations un assez grand développement pour les dédommager de leurs sacrifices et des frais de leur entreprise. La constitution mexicaine de 1824 déclarait, il est vrai, que personne désormais ne naîtrait esclave sur le territoire de la république, disposition que l'on retrouve dans la constitution particulière de l'état de Cohahuila et Texas, promulguée en 1827 ; mais elle maintenait au moins l'esclavage existant, et cela pouvait suffire pendant quelques années. Le décret du 15 septembre 1829, au contraire, eût entièrement arrêté l'essor de la colonie, s'il avait été exécuté : il eût ruiné le présent et empêché toute émigration ultérieure des citoyens des États-Unis au-delà de la rivière Rouge et de la Sabine, plus efficacement que le décret spécial du 6 avril 1830. Aussi fut-il révoqué, en ce qui concernait le Texas, par le gouvernement qui succéda à celui de Guerrero, et sur les représentations du gouverneur Viesca. Quant au décret du 6 avril 1830, qui était, pour ainsi dire, la réponse publique du Mexique aux secrètes manœuvres des États-Unis, nous avons dit que, loin de recevoir une exécution rigoureuse, il fut aisément éludé par l'adresse, ou même ouvertement violé par la force.

Aucun évènement de quelque importance ne signala le cours de l'année 1830 ; mais, de part et d'autre, la confiance était ébranlée. Malgré son épuisement, ses embarras intérieurs et son état de désorganisation permanente, le gouvernement de Mexico ne put se dissimuler que, pour conserver le Texas, il aurait bientôt une lutte à soutenir, soit contre les États-Unis, soit contre les colons anglo-américains, et il s'y prépara. De petits corps de troupes furent envoyés dans le pays sous différents prétextes, et occupèrent les principaux postes. Au commencement de 1832, ces forces étaient réparties de la manière suivante : à Nacogdoches, 500 hommes ; à San-Antonio de Bejar, 250 ; à Goliad, 118 ; à Anahuac, 150 ; à Galveston, 30 ; à Velasco, 100 ; au fort de Teran, 40 ; à Victoria, 40 ; à Tenochtitlan, 40 ; en tout 1268. Avant de se moquer d'une pareille armée, il faut réfléchir au petit nombre des colons qu'elle était destinée à surveiller et à tenir en échec, à leur dissémination et à leur inexpérience militaire. C'était donc, à tout prendre, une force assez imposante ; et si les détachements avaient été bien commandés, si la nouvelle guerre civile qui allait éclater au Mexique, n'était venue les paralyser, l'insurrection du Texas aurait pu ne pas réussir aussi vite. La présence et l'insubordination de ces troupes étrangères irritèrent vivement la population texienne. Le moindre prétexte devait suffire pour lui faire prendre les armes : il ne tarda pas à se présenter.

Le Mexique était alors régi par la constitution fédérale de 1824. Chaque province, sous le nom d'état, possédait sa législature particulière, son gouverneur électif, son budget, etc., mais le gouvernement de Mexico, le congrès général et le président de la république étaient sans cesse en querelle avec les états, sur leurs attributions respectives et les limites de leurs pouvoirs. En théorie, les choses avaient été merveilleusement réglées ; dans la pratique, rien ne marchait. Les tiraillements étaient continuels ; les états n'acquittaient point leurs contributions au trésor de la république ; ils formaient entre eux des confédérations particulières ; ils chassaient les troupes du gouvernement suprême ; ils faisaient des lois contraires à la législation générale et même aux traités de la république avec les puissances étrangères. Tout enfin n'était que confusion et anarchie. On a vu que le décret du 6 avril 1830 avait interdit aux Anglo-Américains toute émigration ultérieure sur le territoire du Texas, sauf

71

en ce qui concernait l'exécution des contrats existants. L'année suivante, le gouvernement de l'état de Cohahuila et Texas nomme un commissaire pour mettre quelques émigrants en possession de terres qui leur avaient été concédées. Le commandant-général des provinces orientales de la république croit devoir s'y opposer et fait jeter le commissaire en prison. Cet officier supérieur avait peut-être raison, comme fonctionnaire mexicain ; mais, dans la forme, l'acte était arbitraire, et il excita un grand mécontentement. Ce ne fut pas le seul. Par suite du même esprit d'opposition entre l'autorité militaire et le gouvernement de l'état, la première prononça la dissolution d'un corps municipal légalement élu et installé du consentement de l'autorité rivale, en établit un autre sans consulter celle-ci, et menaça de recourir à la force pour empêcher la population de procéder à des élections régulières. Sur ces entrefaites, on apprend que le commandant d'Anahuac a fait arrêter plusieurs colons anglo-américains. Aussitôt (c'était dans les premiers jours de 1832) leurs concitoyens établis dans cette partie de la province, ne prenant conseil que de leurs ressentiments, se soulèvent, paraissent en armes devant la forteresse et somment l'officier de rendre la liberté à ses prisonniers. Le soulèvement l'avait pris au dépourvu ; il n'osa pas résister ouvertement, promit de relâcher les détenus, et réclama seulement un ou deux jours de délai, afin, dit-il, de régler quelques mesures indispensables. Mais il avait demandé du secours au commandant de Nacogdoches, et méditait une perfidie. Les colons se retiraient, confiants dans sa promesse, quand il les fit traîtreusement attaquer. Ceux-ci retournent sur leurs pas, et tombent au milieu d'un détachement mexicain sous les ordres de Piedras, commandant de la garnison de Nacogdoches. Cependant, loin de perdre courage, et malgré la supériorité des forces ennemies, ils font si bonne contenance, que Piedras s'estime heureux d'éviter le combat, en promettant de rendre la liberté aux prisonniers d'Anahuac. Cette fois la promesse fut accomplie, et les insurgés, contents d'avoir atteint leur but, se dispersèrent sans autre incident.

Tandis que ces évènements se passaient dans les districts orientaux du Texas, un soulèvement bien plus grave menaçait la république d'une nouvelle révolution, qui devait s'opérer sous les auspices de Santa-Anna. Le 2 janvier 1832, les officiers de la garnison de la Vera-Cruz, réunis chez le colonel Landero, sur l'invitation du général Ciriaco Vazquez, y signèrent une déclaration que Santa-Arma transmit, sans se prononcer ouvertement lui-même, au vice-président Bustamente, pour demander le renvoi d'un ministère que *l'opinion publique accusait de favoriser le centralisme.* Ce point de départ est fort curieux en ce que la révolution, commencée au nom des principes fédéralistes, se termina, en 1835, par l'abolition de la constitution fédérale de 1834, et par l'établissement d'une constitution républicaine unitaire, contre laquelle une partie de la population et des troupes n'a pas cessé de protester les armes à la main. Le ministère dont les officiers de la garnison de la Vera-Cruz, secrètement poussés par Santa-Anna, exigeaient la destitution, se composait de MM. Alaman, Espinosa et Fatio ; mais c'était le premier qui donnait effectivement l'impulsion à toute la machine gouvernementale. Il avait fait exécuter le président Guerrero, que sa naissance, ses inclinations et sa bravoure avaient rendu le favori des basses classes de la population mexicaine, et qui avait été porté au pouvoir par un mouvement démocratique. M. Alaman gouvernait donc dans le sens de l'aristocratie et du clergé ; il cherchait à fortifier l'administration, et, à ce titre, il devait désirer, autant que possible, d'établir la suprématie du gouvernement central sur les intérêts divergents et la capricieuse opposition des états. Ennemi des étrangers en général, il témoignait cependant une plus grande bienveillance aux Anglais, qui l'avaient intéressé dans leurs exploitations de mines. Quant à Santa-Anna, dont les moins pénétrants devinaient la main dans ces nouveaux troubles, son ambition expliquait sa conduite. Vainqueur des Espagnols à Tampico, et proclamé alors le héros libérateur du Mexique, idole de l'armée, se croyant à la fois le plus grand homme de guerre et le plus grand homme d'état de la république, il s'irritait de n'y pas jouer le premier rôle et de voir ses talents politiques réduits à la tâche mesquine d'un gouvernement de province. L'intérêt de la patrie, le fédéralisme et la liberté n'étaient pour lui que des mots sonores, un honorable drapeau, dont il avait besoin, comme tous les ambitieux, pour couvrir ses vues personnelles. Le parti démocratique ne fut pas deux ans à voir combien son chef était indifférent aux principes politiques. Vers la fin de 1834, Santa-Anna s'était laissé gagner par l'aristocratie et le clergé ; il préparait l'établissement d'une constitution unitaire ; il rêvait la gloire du premier consul, et peut-être songeait-il à relever pour lui le trône impérial d'Iturbide.

Je n'ai pas perdu de vue les affaires du Texas en traçant ce tableau. Les évènements de cette province se rattachent, par les liens les plus intimes, et au *pronunciamiento* de la Vera-Cruz en janvier 1832, et au changement de la constitution mexicaine en 1835. On pourrait même dire qu'à partir de 1832, ils se confondent avec l'histoire personnelle de Santa-Anna. En effet, les colons texiens qui avaient attaqué le fort d'Anahuac n'avaient pas encore déposé les armes, quand ils apprirent le soulèvement des troupes de la Vera-Cruz contre l'administration de Bustamente, dont ils avaient eux-mêmes à se plaindre, et dont les délégués avaient provoqué leur ressentiment par des actes arbitraires. Aussi n'hésitèrent-ils pas à se déclarer immédiatement pour la cause fédéraliste, dont Santa-Anna relevait le drapeau. Leur intérêt non moins que leurs passions leur en faisait une loi. Le gouvernement de Mexico, en quelques mains qu'il fût placé, se défiait d'eux, les surveillait avec une jalouse inquiétude, les empêchait de se fortifier en arrêtant l'essor de l'émigration anglo-américaine, et menaçait l'esclavage, dont ils regardaient le maintien comme nécessaire à leur prospérité. S'il parvenait à resserrer son action et à étendre son pouvoir, il aurait plus de moyens encore pour leur imposer ses lois et leur faire sentir de mille manières le poids de sa défiance. Quel parti devaient-ils donc prendre en présence d'un pareil danger ? Pouvaient-ils négliger l'occasion de lui susciter de nouveaux embarras ? Devaient-ils se faire un scrupule de concourir à son affaiblissement en exagérant le principe de division et d'éparpillement de la force publique qui se trouvait déposé dans la constitution fédérale de 1824 ? Non, certes, et ils le reconnurent du premier coup. L'instinct du *self-government*, qui est un des caractères essentiels de la race anglo-américaine, les y portait avec une force irrésistible. Déjà ils se plaignaient de l'éloignement de la capitale de l'état, circonstance qui retardait l'expédition des affaires et avait de grands inconvénients pour l'administration de la justice. Déjà ils désiraient se faire reconnaître, dans le sein de la confédération mexicaine, une existence politique à part, dont ils se promettaient beaucoup d'avantages, non moins pour le commerce extérieur que pour les améliorations locales. Mais l'établissement redouté du centralisme n'aurait-il pas aggravé les inconvénients dont ils souffraient et rendu impossible le remède qu'ils voulaient y apporter ?

Le maintien des institutions fédérales était tellement conforme aux intérêts du Texas, que le mouvement de la population en faveur de la cause épousée par Santa-Anna fut général et unanime. Les colons du Brazos, à la première nouvelle du soulèvement de leurs concitoyens du Rio Trinidad, prirent aussitôt les armes pour marcher à leur secours, et se déclarèrent en même temps contre l'administration de M. Alaman. Mais, pour rejoindre promptement les insurgés devant Anahuac, il fallait qu'ils désarmassent ou attirassent à leur parti le commandant du fort de Velasco. Ils l'engagèrent donc à embrasser la cause des fédéralistes contre le gouvernement, et poussèrent la hardiesse jusqu'à lui demander un canon dont la place était munie, pour aller attaquer le commandant d'Anahuac, de l'autre côté de la baie de Galveston. Ugartechea, c'était le nom du commandant de Velasco, leur répondit en homme d'honneur qu'il obéirait aux ordres de ses chefs, et qu'il s'opposerait à l'exécution de leurs desseins. Les colons du Brazos n'en persistèrent pas moins, et au nombre de cent dix-sept, sous la conduite de John Austin, attaquèrent Velasco, le 26 juin avant le jour. Comme ils n'avaient que des carabines, et que les Mexicains, outre leurs fusils, avaient sur un des bastions leur canon monté à pivot, les audacieux assaillants souffrirent d'abord beaucoup ; mais aussitôt que le jour fut venu, ils prirent leur revanche. Tous les soldats qui se montraient sur le rempart étaient abattus, et ceux qui servaient la pièce de canon avaient les mains enlevées par ces fameux tireurs de l'ouest qui ne manquent jamais leur coup, si bien qu'à la fin Ugartechea, ne pouvant plus décider ses hommes à charger et pointer le canon, eut le courage héroïque de se mettre lui-même à la besogne. Les Texiens, saisis d'admiration, cessèrent le feu par générosité, dit l'historien de ces évènements, car le dernier d'entre eux était assez sûr de son arme pour lui mettre une balle dans l'œil. Ayant affaire à des gens si résolus, Ugartechea vit bien qu'il fallait capituler, et rendit la place. Les assiégés n'avaient perdu qu'un homme, et dix-sept autres avaient eu les mains coupées en faisant le service du canon. La perte des Texiens était beaucoup plus considérable ; elle s'élevait à onze hommes tués et cinquante deux blessés, dont douze à mort. Après cet exploit, la troupe d'Austin, si cruellement décimée, fut dispensée de son expédition sur Anahuac par la soumission du commandant.

Il paraît que ces évènements amenèrent la retraite ou la dispersion des troupes mexicaines qui occupaient le Texas. D'ailleurs, au milieu de la guerre civile qui continuait à déchirer le Mexique, tous les pouvoirs, ordinairement si faibles, étaient trop désorganisés pour se faire respecter d'une population enhardie par ses dernières victoires. Aussi, dès que les troupes se furent retirées, toutes les douanes furent-elles abolies. On ne tint plus aucun compte des conditions imposées par la législation mexicaine pour la colonisation du territoire, pour le commerce avec les Indiens, pour l'esclavage, etc. ; les Texiens, sans aspirer encore à une complète indépendance, prirent-au moins la résolution de ne plus souffrir de soldats étrangers parmi eux, et de dérober le plus possible le maniement de leurs affaires à toute autorité qui n'émanerait pas de leur libre choix.

C'était, comme on l'a vu, au nom du principe fédéraliste et contre l'administration de Bustamente que les colons anglo-américains avaient pris les armes ; ils avaient adhéré sans hésitation au plan de la Vera-Cruz, et s'étaient rangés sous le drapeau de Santa-Anna, au moment même où l'un de ses adversaires, le général Teran, annonçait qu'il allait combattre l'insurrection du Texas. Santa-Anna néanmoins, soupçonnant les secrets mobiles qui faisaient agir les Texiens, et loin de s'en fier à des apparences qui lui étaient si favorables, crut devoir essayer de rétablir dans cette province l'autorité légitime de la république, et y envoya une petite expédition de quatre cents hommes, sous les ordres du colonel Mexia. Peut-être aussi les évènemens du

Texas n'étaient-ils pas bien connus à la Vera-Cruz. Quoi qu'il en soit, Mexia partit de Matamoras avec cinq navires, le 14 juillet 1832, et arriva le 16 à l'embouchure du Brazos. Il était accompagné du général Stephen Austin, représentant du Texas au congrès de Cohahuila. La flottille ayant jeté l'ancre, Mexia se mit en communication avec un des alcades de cette partie du pays, John Austin, pour lui faire connaître les motifs de sa venue. La réponse ne se fit pas attendre. On y exposait ce qui s'était passé dans la province depuis quelque temps, et les causes du dernier soulèvement. Le général mexicain crut alors pouvoir débarquer, et se rendit à Brazoria, où il fut bien accueilli par la population. On chercha, par toute sorte de moyens, à le rassurer sur les dispositions des colons anglo-américains, et une assemblée générale, convoquée à San Felipe de Austin, par l'alcade de cette ville naissante, y adopta le 27 juillet une déclaration qui avait pour but de désavouer toute intention hostile à la république mexicaine. Ce document contient quelques détails sur les actes arbitraires du colonel Davis Bradburn, commandant de la place d'Anahuac, du commandant de Nacogdoches, Jose de Las Piedras, et de leur chef, le général Teran, qui les avait approuvés malgré l'opposition et les remontrances du gouvernement de l'état. Mais ce qu'on doit y remarquer le plus, c'est l'affectation avec laquelle les colons rattachent la récente prise d'armes à l'entreprise de Santa-Anna lui-même.

Ainsi ce n'est pas à eux que le fort de Velasco s'est rendu, c'est aux *forces de Santa-Anna*. Ils savent combien leur origine étrangère a fait accumuler contre eux de calomnies, et quels desseins on leur attribue, pour ranimer les vieux préjugés espagnols. Ils protestent contre de pareilles accusations, et identifient leur cause à celle de l'héroïque cité de Vera-Cruz. Mexia se contenta de ces assurances, et repartit bientôt avec ses soldats, emmenant la garnison de la citadelle démantelée de Velasco. Peu de temps après, les colons des environs de Nacogdoches, adoptant à leur tour le rôle de zélés partisans de Santa-Anna, que leurs compatriotes du Brazos avaient joué avec tant de succès, attaquèrent Piedras, sous prétexte qu'il avait refusé de se joindre à l'armée libératrice, comme l'y invitait Mexia, et le forcèrent à évacuer la place. La petite bataille qu'il fallut livrer à ce sujet ne coûta aux Texiens que trois hommes tués et sept blessés, tandis que les Mexicains eurent dix-huit morts et vingt-deux blessés : de sorte qu'à la fin de l'été de 1832, il n'y avait plus un seul soldat mexicain dans la partie du Texas où se trouvaient situées les colonies anglo-américaines.

Je suis assurément bien loin de penser que tout ait été irréprochable dans ces manières d'agir. On trouvera peut-être dans ces déclarations faites au général Mexia, et transmises par lui à Santa-Anna, plus d'adresse que de véritable dignité, et une habileté plus heureuse qu'elle ne serait honorable.

Mais je ne juge pas, je raconte. Le flot des révolutions n'est pas toujours très pur. Je ne revendiquerai donc pas pour la révolution du Texas une moralité de détails que présentent trop rarement les grands évènements de l'histoire.

Pourquoi les Texiens, une fois leur territoire délivré de la présence des troupes mexicaines, n'ont-ils pas dès-lors proclamé leur indépendance ? Je crois que cette modération s'explique par un fait très simple : c'est qu'ils ne se sentaient pas assez forts pour braver sans nécessité la puissance et les ressentiments du Mexique. Je dis sans nécessité, car s'ils avaient obtenu l'avantage auquel se bornaient en ce moment leurs prétentions, de former un état séparé, ils auraient atteint la plupart des résultats qu'ils pouvaient se promettre de l'indépendance, et ne se seraient pas exposés aux dangers d'une lutte dont l'issue pouvait leur paraître douteuse. Quelques esprits sages et patients auraient même voulu s'en tenir aux avantages réels que le dernier soulèvement avait procurés, et ne pas agiter de si tôt une question qui devait raviver les inquiétudes et les défiances de la nation mexicaine ; mais l'impatience du grand nombre l'emporta sur la prudence du petit, et une convention de tout le peuple terrien se réunit à San-Felipe dans les derniers mois de 1832, sans convocation légale et par un mouvement spontané des colons. Les travaux de cette assemblée, dont l'existence irrégulière était par elle-même un fait assez grave, durèrent plusieurs mois, quand il aurait suffi de quelques jours.

Elle rédigea une *constitution* pour *l'état* du Texas, et consigna dans une pétition au gouvernement de Mexico les motifs qui portaient la population texienne à désirer sa séparation d'avec l'état de Cohahuila. De ces motifs, les uns étaient sérieux et justes, les autres étaient empreints d'une grande exagération, pour ne rien dire de plus. Je les ai déjà indiqués. Mais, si l'on veut aller au fond des choses, et, qu'on me passe le terme, si l'on regarde le dessous des cartes, il faut reconnaître que les Texiens, se défiant des intentions du Mexique à leur égard, voulaient tout simplement se donner le droit de faire leurs affaires eux-mêmes. Ils n'étaient pas du même sang, ils ne parlaient pas la même langue que les Mexicains. Malgré les règlements sur la colonisation, il est plus que probable que la plupart d'entre eux ne professaient pas la religion catholique. Perdus sur quelques points d'un immense pays, ils voulaient pouvoir y attirer leurs compatriotes de l'Union du nord par des garanties politiques et civiles dont la législation mexicaine se montrait fort avare ; leur amour-propre national était blessé, leurs intérêts souffraient quelquefois de ne former qu'une minorité imperceptible dans le congrès provincial de Monclova. Que faut-il de plus, je ne dirai pas pour justifier, mais pour expliquer et pour rendre humainement inévitable leur désir de scission ? Les abolitionnistes des

États-Unis, gens estimables, mais qui joignent des vues étroites à un fanatisme ardent, n'ont voulu y voir d'autre intérêt, d'autre passion, d'autre principe que le maintien de l'esclavage menacé par l'esprit des lois mexicaines. C'est une manière trop exclusive de juger la question. Les planteurs anglo-américains du Texas désiraient sans doute maintenir l'esclavage à leur profit ; mais ce n'était pas leur seul besoin : politiquement et socialement, ils différaient trop, par leur génie intime et par leur caractère propre, du peuple dont ils partageaient les destinées, sans avoir sur elles assez d'influence pour ne pas éprouver une tendance irrésistible à ne mettre que le moins possible de leur existence en commun avec lui. Les caprices du despotisme militaire, qui sous les apparences de la liberté constitutionnelle domine si souvent les républiques d'origine espagnole, auraient seuls suffi pour décider une population de race anglaise à se séparer du Mexique.

La convention de San-Felipe (1832-33) s'étant donc prononcée pour que le Texas reçût une organisation distincte de l'état de Cohahuila, le général Stephen Austin fut chargé, de négocier ce changement avec le gouvernement de Mexico, et, accepta cette mission par déférence pour le vœu de ses concitoyens, car il était un de ceux qui avaient combattu le projet de scission. Arrivé à Mexico dans le cours de l'année 1833, Austin y travailla inutilement, auprès de Santa-Anna et du vice-président Gomez Farias, à faire reconnaître la prétendue constitution du Texas. Il représenta en termes très vifs et presque menaçants que, si l'on ne voulait pas s'occuper des affaires de cette province et remédier aux abus dont elle se plaignait, la population se chargerait elle-même de ce soin. Le gouvernement de Mexico ne fit aucune attention à ses demandes. Retiré à sa ferme de Manga de Clavo, Santa-Anna contrariait toutes les mesures de Gomez Farias, qui était resté sincèrement attaché au parti démocratique, tandis que le parti contraire, flattant l'orgueil de Santa-Anna, concevait l'espérance d'attirer à lui cet esprit mobile et faible. Il ne résultait d'une pareille situation que lenteur et embarras dans la marche des affaires, et rien ne ressemblait moins que cette complication de basses intrigues à un gouvernement régulier. Ce fut alors que le commissaire texien adressa à la municipalité de San-Antonio de Bejar une lettre dans laquelle il annonçait le peu de succès de ses démarches, et conseillait à la population d'organiser pacifiquement dans la province une administration locale. La majorité de l'*ayuntamiento* de Bejar, ancienne ville espagnole, était opposée aux vues des colons anglo-américains, et la lettre d'Austin fut renvoyée aux autorités de la république. Celui-ci avait déjà quitté Mexico et n'était pas loin du Texas quand il se vit arrêté, reconduit dans la capitale, et jeté en prison comme séditieux. Le plus singulier de l'histoire, c'est qu'au fond il ne partageait que très faiblement l'opinion et surtout l'impatience de ses concitoyens. On serait porté à croire qu'il ne leur donnait ce conseil que pour leur faire plaisir, et parce qu'il désespérait de les ramener à une opinion différente. Dans une lettre à l'*ayuntamiento* de San-Felipe, datée de Monterey le 17 janvier 1834, il engage les colons à se tenir tranquilles, à respecter les lois, à procéder par les voies légales ; il trouve tout simple que le gouvernement l'ait fait arrêter ; il se porte garant de ses bonnes intentions à l'égard du Texas, et en fait valoir comme une preuve convaincante l'*abrogation* de la loi du 6 avril 1830. En acceptant la mission qu'il vient d'accomplir, il n'a pas suivi son impulsion personnelle, mais il a obéi au vœu de ses concitoyens et n'a agi que d'après leurs instructions. — Son seul désir a toujours été, depuis le commencement des troubles de 1832, dont il ne fait un crime à personne, d'éviter au Texas une révolution violente. On retrouve les mêmes sentiments et le même langage dans une lettre d'Austin à un habitant de la Nouvelle-Orléans, où il se plaint doucement du *bon peuple de la colonie*, dont la fiévreuse ardeur l'a précipité dans cet embarras. Le commissaire texien était en prison quand il écrivait ces lettres, je le sais ; mais je n'en hésiterais pas moins à l'accuser d'hypocrisie ou de lâcheté. C'était, je suppose, un caractère assez timide, ennemi du désordre et de l'agitation révolutionnaire, un de ces hommes qui suivent les grands mouvements politiques et ne les commencent, ni les arrêtent, ni les dirigent. Le gouvernement mexicain, qui est d'ailleurs assez débonnaire, ne le jugea point dangereux et lui rendit bientôt la liberté. Quant au *bon peuple* du Texas, une fois son parti pris d'être indépendant, il ne mit point Stephen Austin à sa tête et l'envoya aux États-Unis pour obtenir des secours de la sympathie des populations.

Tandis que le gouvernement de Mexico résistait au désir de séparation manifesté par le Texas, l'anarchie qui régnait au centre de la république se propageait dans l'état de Cohahuila. Santa-Anna ayant dissous le congrès général le 13 mai 1834, cette mesure violente et d'une légalité fort contestable devint le signal de nouvelles divisions dans plusieurs provinces. A Monclova, qui était le siège du gouvernement de l'état de Cohahuila et Texas, il se forma en faveur du président un parti militaire, qui élut un nouveau gouverneur de la province, et, appuyé par la soldatesque, établit à Saltillo une espèce d'administration rivale de l'autorité légitime. Les colons anglo-américains étaient complètement étrangers à cette révolution. Devaient-ils en profiter pour consommer leur scission, et organiser enfin chez eux leur propre gouvernement, malgré les conseils de Stephen Austin ? Les plus ardents le voulaient ; mais ils se trouvèrent en minorité. Le grand nombre hésitait encore à prendre une résolution aussi grave, et les conseils de la modération l'emportèrent sur ceux de la violence. Il est vrai que le Texas venait d'obtenir de la législature de l'état l'institution du jury et une cour de justice spéciale. La tranquillité publique parut donc momentanément rétablie.

Cependant il se préparait au Mexique une révolution fondamentale dans le système du gouvernement. Santa Anna, le héros du fédéralisme, dissimulait à peine son désir de renverser la constitution de 1824. Les pétitions en faveur du centralisme circulaient impunément, et il cherchait par tous les moyens à populariser dans la nation et dans l'armée le changement constitutionnel qu'il méditait. C'était pour en faciliter l'accomplissement qu'il avait expulsé le dernier congrès, et on n'ignorait plus ses desseins quand la nouvelle législature de Cohahuila se réunit en 1835. Malheureusement un des premiers actes de cette assemblée la mit aussitôt en collision avec le gouvernement suprême, qui était bien plus porté à étendre son propre pouvoir qu'à le laisser méconnaître par les états. La province ayant besoin d'argent, le gouverneur proposa une loi pour la vente de quatre cents onze lieues carrées de terre dans le Texas. Les spéculateurs qui devaient conclure l'affaire se trouvaient à Monclova ; ils étaient tous Texiens, et par cela seul assez suspects. Aussi, dès que la chose fut connue à Mexico, le gouvernement et le congrès résolurent-ils de s'opposer à la conclusion du marché. Ils contestèrent à l'état de Cohahuila le droit d'aliéner le domaine public, en se fondant sur ce qu'il devait au trésor de Mexico un arriéré considérable ; et le congrès autorisa le pouvoir exécutif à se faire céder les terrains en question, pour en déduire la valeur sur le montant de la dette de Cohahuila. Il est évident que le gouvernement de Mexico, toujours en défiance des Texiens, combattait cette opération dans la seule crainte d'une émigration nouvelle de coloris anglo-américains, sur les terrains acquis par des spéculateurs qui devaient immédiatement les revendre en détail à New-York ou ailleurs ; mais la proposition du congrès ne faisait pas le compte de l'état de Cohahuila, qui voulait de l'argent pour son administration intérieure, et se souciait peu de payer ses dettes à la république. Aussi se mit-il en devoir de résister ; sur quoi le général Cos, commandant supérieur des provinces orientales du Mexique, reçut de Santa-Anna l'ordre de marcher avec ses troupes sur la capitale de l'état, et d'expulser la législature rebelle. Le gouverneur et plusieurs membres de l'assemblée furent jetés en prison. Les spéculateurs texiens, dont la conduite n'était pas irréprochable dans toute cette affaire, se hâtèrent de retourner chez eux, et proclamèrent aussitôt la guerre, la séparation et l'indépendance.

Ce fut dans les plaines de San-Jacinto que le parti de la guerre, fortifié par les derniers évènements, leva son étendard le 16 août 1835. Huit mois après, la cause du Texas devait y remporter sa victoire définitive. De là, le premier effort des insurgés se porta sur Anahuac, où ils abolirent je ne sais quels règlements de douanes odieux à la population. Cependant il n'y avait pas unanimité parmi les habitants pour engager la lutte. Le parti de la paix, qui était assez nombreux, essaya de calmer l'irritation. Santa-Anna, disait-on, était personnellement favorable aux vœux du Texas : il fallait attendre qu'il se fût prononcé, et ne prendre les armes qu'à la dernière extrémité. Mais le temps était passé où ces conseils, d'une modération timide, auraient pu arrêter l'élan des esprits, et la révolution commencée suivit son cours. Le capitaine Thompson, de la marine mexicaine, que le général Cos avait envoyé prendre connaissance de l'état des choses à Anahuac, ayant capturé dans la baie de Galveston un bâtiment qui faisait le commerce du Texas, cet acte qui menaçait des intérêts inexorables contribua encore à précipiter le soulèvement.

Stephen Austin reparut alors au milieu de ses concitoyens, et, dans une assemblée populaire tenue à Brazoria le 8 septembre, il recommanda la réunion immédiate d'une convention générale de toute la province. Le principal motif qu'il en donna fut l'imminence du renversement de la constitution fédérale au Mexique. « La nouvelle forme du gouvernement, dit-il, aura-t-elle pour effet d'annuler tous les droits du Texas et de le soumettre à un pouvoir sans limites ? S'il en doit être ainsi, le peuple du Texas peut-il adhérer au changement qui se prépare et abdiquer tout ou partie de ses prérogatives constitutionnelles ? Voilà des questions d'une importance vitale, et sur lesquelles je pense qu'il est nécessaire de consulter les citoyens. Il est vrai que Santa-Anna et d'autres personnages influents de Mexico m'ont déclaré qu'ils étaient les amis du peuple texien, qu'ils désiraient son bonheur et y travailleraient de toutes leurs forces ; que dans la nouvelle constitution de la république ils emploieraient leur influence à procurer au Texas une organisation particulière en harmonie avec ses habitudes et conforme à ses besoins. Mais c'est une raison de plus pour que les délégués du peuple se réunissent afin de déterminer les principes de cette organisation. Nous touchons au moment décisif tout le monde comprend qu'il y a quelque chose à faire. »

Ce langage était encore modéré. Il ressemblait à celui qu'on tient toujours au commencement des révolutions, et que l'on regarderait volontiers comme une hypocrisie consacrée, s'il n'était pas naturel que les mêmes hésitations se reproduisissent constamment chez les peuples en face des mêmes dangers. Le conseil de réunir une convention ne préjugeait pas la question d'indépendance. Mais une convention, c'était un centre et une base possible d'autorité, dont l'influence ne devait pas tarder à se faire sentir, en donnant une direction commune aux efforts isolés. Sur ces entrefaites, le général Cos, qui était à Bejar, transmit au colonel

Ugartechea l'ordre de se saisir, à tout prix, de la personne de Zavala, ancien ministre mexicain, poursuivi par la haine de Santa-Anna, dont il avait refusé de servir la politique nouvelle. Zavala possédait de grandes concessions de terres au Texas, et avait formé le projet de s'y établir. Plusieurs autres personnes étaient poursuivies avec lui, et en même temps le général Cos fit sommer Brazoria, Columbia et Velasco de remettre leurs armes entre les mains des autorités mexicaines, double outrage qui excita la plus vive indignation.

Ainsi se multipliaient et se répondaient coup pour coup, quelquefois même sans intention de part ni d'autre, mais par une conséquence inévitable de la situation, les actes les plus hostiles, les résolutions les plus compromettantes. Il s'établit à San-Felipe, où résidait Stephen Austin, un comité de sûreté publique qui prit aussitôt, par la force des choses, l'attitude d'un comité central. Informé des mouvements du général Cos, il les fit connaître au peuple par une circulaire, dans laquelle il déclarait que les dispositions de cet officier supérieur n'étaient rien moins que conciliantes, que la ruine du Texas était décidée, et qu'il ne restait aux habitants d'autre ressource que la guerre. Bientôt un premier détachement de troupes mexicaines s'avança de Bejar sur Gonzalès, dont la population demanda du secours au comité de San-Felipe. Celui-ci dirigea aussitôt sur Gonzalès un petit nombre de volontaires, qui suffirent pour arrêter les

Mexicains. Deux cents hommes du côté de ces derniers, et cent soixante du côté des colons, en vinrent aux mains le 2 octobre, et les Texiens manœuvrèrent si bien leur unique canon, que le détachement mexicain fut forcé de se replier sur Bejar, avec une perte de quelques hommes. Ce fut le premier engagement dans cette partie du Texas. Le lendemain, le comité de San-Felipe publia une lettre officielle adressée à la municipalité de Gonzalès par le ministre de l'intérieur de la république. On y demandait l'adhésion du Texas aux réformes que le congrès général, prenant en considération les vœux du pays tout entier, allait accomplir dans la constitution ; on ajoutait que les besoins du Texas ne seraient pas perdus de vue par le gouvernement, qu'il comptait sur le bon esprit des citoyens, et qu'il était décidé à soutenir l'œuvre de la majorité nationale, à protéger les amis de l'ordre et à punir les promoteurs de séditions. En publiant cette lettre, le comité y joignit un commentaire très peu *pacifique* : « Quelles sont, disait-il, les réformes dont parle le ministre ? Est-ce la réduction de la milice des états à un homme par cinq cents habitants, et le désarmement des autres ? Est-ce le renversement de la constitution de 1824, et l'établissement du despotisme ecclésiastico-militaire ? Cette majorité qu'on invoque, est-ce autre chose que le pouvoir militaire qui a étouffé la voix de la nation ? Le gouvernement de Mexico proteste de ses bonnes intentions envers le Texas ;

mais alors pourquoi ces préparatifs d'invasion ? pourquoi le général Cos s'est-il avancé de Matamoras sur Bejar, à la tête de toutes les troupes disponibles ? Ce langage n'est-il pas un leurre ? ces prétendues garanties qu'on nous promet ne cachent-elles pas un piége ? » Et le comité terminait sa proclamation en exhortant les citoyens armés à voler au quartier-général de l'armée du peuple, à Gonzalès.

Le mouvement qui éclatait dans l'ouest eut bientôt embrassé toute l'étendue du Texas, jusqu'aux frontières des États-Unis. Des comités s'organisèrent de tous côtés. Ceux de Nacogdoches et de San-Augustine levèrent des troupes et en confièrent le commandement à Samuel Houston, que les hasards d'une carrière orageuse avaient jeté depuis quelques années dans ce pays.

Destiné à vaincre Santa-Anna dans les plaines de San-Jacinto, et à consolider par cette victoire l'établissement de la république texienne, dont il devait être le premier président, Houston avait eu le pressentiment de la mission que lui réservait le sort et qui convenait à son caractère aventureux. En annonçant que ce personnage, très connu alors dans l'Union américaine, se rendait au Texas, vers la fin de 1829 ou en 1830, un journal de la Louisiane disait que c'était pour *révolutionner* le pays, et ajoutait : « On peut donc s'attendre à lui voir bientôt lever le drapeau de l'insurrection. » Ceci prouve, au reste, pour le dire en passant, combien les éléments révolutionnaires avaient profondément pénétré dans les entrailles du Texas, et combien leur explosion était inévitable. L'instinct national du Mexique ne s'y était pas trompé. En même temps qu'Houston recevait dans l'ouest la direction des opérations militaires, M. Lorenzo de Zavala succédait au général Austin dans la présidence du comité de sûreté, c'est-à-dire dans la direction des opérations politiques, et Austin allait prendre à Gonzalès le commandement du noyau d'armée qui s'y rassemblait.

Aussitôt qu'on eut appris à la Nouvelle-Orléans que les Mexicains se disposaient à envahir le Texas, et que la population organisait ses moyens de résistance, les habitants de cette ville manifestèrent d'une façon éclatante leur sympathie pour la cause de leurs voisins. C'était la conséquence naturelle des rapports établis depuis quelques années entre les deux populations. Le *meeting* de la Nouvelle-Orléans s'engagea à secourir les Texiens de la manière la plus efficace et la plus compatible avec ses obligations envers le gouvernement des États-Unis ; il nomma un comité pour correspondre avec le gouvernement provisoire du Texas, recevoir des souscriptions et enrôler des volontaires. 7 000 dollars (36 000 francs) de souscription, et deux compagnies de volontaires armées et équipées, ne tardèrent pas à prouver l'activité du zèle de la Louisiane.

95

Les Mexicains virent bientôt qu'ils avaient affaire à une race d'hommes autrement décidée qu'eux, et qui était bien résolue à ne pas perdre le temps en vaines paroles. A peine quelques détachements, de l'organisation la plus imparfaite, eurent-ils formé sur le Guadalupe un semblant d'armée, dont le chiffre seul prêterait à rire, que leurs chefs prirent l'offensive avec une audace vraiment incroyable. Le 8 octobre, Collinsworth s'empara du fort de Goliad, où il trouva de quoi armer trois cents hommes et des provisions pour une valeur de 10 000 dollars. Le 28, Fannin et Bowie eurent un engagement très heureux avec un parti d'ennemis, auxquels ils tuèrent et blessèrent trente-deux hommes et enlevèrent un canon. Le 3 et le 8 novembre, les Mexicains furent encore battus, et le général Cos fut assiégé dans la place de San-Antonio de Bejar.

Cependant la *consultation générale* du Texas, composée des délégués de toutes les municipalités de la province, s'était réunie à San Felipe de Austin et constituée le 3 novembre. Elle élut pour président M. Archer, et adopta le 7 une déclaration solennelle des raisons qui avaient engagé le peuple texien à prendre les armes. Ce n'était pas encore une déclaration absolue d'indépendance ; on s'en tenait à la constitution mexicaine de 1824, que Santa-Anna venait de renverser, et au nom de laquelle on lui faisait la guerre ; on offrait aux Mexicains l'appui du Texas pour reconquérir leurs droits et libertés ; ou promettait des terres et le titre de citoyen à tous les étrangers qui serviraient la cause du Texas dans la présente lutte. L'assemblée adopta ensuite un plan de gouvernement provisoire, composé d'un gouverneur, un lieutenant-gouverneur et un conseil. Quand il s'agit de nommer le gouverneur, un des membres proposa le général Stephen Austin, et un autre M. Henri Smith ; mais, sur cinquante trois votants, Austin ne réunit que vingt-deux suffrages, et son concurrent fut élu à la majorité de neuf voix. Samuel Houston fut nommé major-général de l'armée, et enfin MM. Wharton, Archer et Stephen Austin reçurent la mission de se rendre aux États-Unis ; après quoi l'assemblée se sépara le 14 novembre, en s'ajournant au 1er mars 1836. Le dernier jour de la session, un membre avait proposé la levée du siège de Bejar ; mais il n'avait pu faire prendre son avis en considération, et, loin de là, le gouvernement promit 20 dollars par mois à tous les volontaires qui resteraient sous les drapeaux jusqu'après la prise de la ville.

L'armée avait besoin d'un pareil encouragement, et même, sans un hasard heureux et l'énergie d'un homme, le siège eût été abandonné. Les volontaires s'étaient rendus à l'armée comme à une partie de plaisir ou de chasse qui ne durerait que très peu de jours, sans provisions suffisantes et sans vêtements d'hiver. Le terme de leur engagement étant très court, ils songèrent à retourner chez eux dès qu'ils virent arriver la saison des pluies, et, malgré tous les efforts des officiers pour les retenir, un grand nombre se retiraient journellement. On leur promit l'assaut pour le 2 décembre ; mais le nouveau chef, le colonel Burleson, jugea probablement cette résolution trop hasardeuse, et annonça la retraite sur Gonzalès pour le 4 au soir. Tout se préparait donc pour la levée du siège, quand un déserteur arriva au camp des Texiens. Cet homme dit aux officiers que les soldats mexicains qui défendaient la place étaient pour la plupart ennemis de la dernière révolution, et fort peu disposés à se battre en faveur de Santa Anna ; que la prise de la ville n'offrirait pas de difficultés si on voulait la tenter. Les plus braves parmi les Texiens étaient au désespoir de lever le siège ; ils résolurent de courir les chances d'un dernier effort, et choisirent pour leur chef un des héros de cette guerre, l'intrépide Milam. Milam, dont mainte aventure brillante avait popularisé le nom dans le Texas, était en prison à Mexico, quand la lutte avait commencé. Aussitôt il avait brisé, ses fers, et à travers mille dangers il avait rejoint ses compatriotes devant Goliad. Sa valeur et son habileté inspiraient à ses compagnons une confiance sans bornes. Cette fois encore il la justifia, et ce fut au prix de sa vie. Le 5 décembre, au point du jour, Milam, ayant réussi à distraire l'attention de l'ennemi par une feinte attaque sur la citadelle, pénètre dans la ville avec ses braves volontaires ; mais alors les difficultés commencent, et les périls de l'entreprise se manifestent à chaque pas. Le général Cos avait profité de la disposition des lieux et de quelques grands bâtiments en pierre, pour se retrancher fortement à l'intérieur. Toutes les avenues de la place étaient barricadées, coupées de fossés, garnies de canons. Il avait mis une pièce d'artillerie sur la plate-forme d'une vieille église, qui commandait toute la ville, et le feu de la citadelle pouvait appuyer la résistance de la ville elle-même. Cependant les volontaires de Milam n'en furent point découragés. Pour répondre au feu de l'ennemi et pour le neutraliser, ils avaient ces incomparables carabines dont les Mexicains ne connaissaient que trop bien la portée et l'effet. Ce fut leur grande ressource. Une fois entrés dans la ville, on ne put les déloger, même après la perte de leur intrépide commandant, qui fut tué le 7 d'une balle dans la tête. Ce siège intérieur dura cinq jours. Les Texiens ne se rendirent entièrement maîtres de la place que le 9 dans la nuit, par une surprise. Le lendemain, la citadelle elle-même capitula. Le général Cos et ses officiers donnèrent leur parole d'honneur de ne point s'opposer au rétablissement de la constitution fédérale, et obtinrent à cette condition la faculté de retourner chez eux, avec une partie des troupes seulement. L'argent et les munitions de guerre qui se trouvaient dans Bejar furent remis aux vainqueurs. Ainsi, dès le commencement de décembre 1835, trois mois et demi après l'ouverture de la campagne, il n'y avait plus un seul soldat mexicain sur le territoire du Texas.

Ces rapides succès de l'insurrection firent naître aussitôt dans le pays tout entier un désir général d'indépendance, auquel le mouvement des États-Unis en faveur de la cause texienne donnait en même temps une direction différente. On savait que le nouveau gouvernement de la république mexicaine avait triomphé partout des soulèvements du parti fédéraliste, et le Texas sentait bien que désormais, entre le Mexique et lui, ce n'était plus une guerre politique, mais une guerre nationale. N'était-ce pas un mensonge ridicule que cette prétention de défendre le fédéralisme, quand le reste de la république se taisait et se soumettait sans résistance ? Le gouvernement provisoire du Texas, qui existait en vertu de la constitution fédérale de 1824, avait donc besoin de retremper ses pouvoirs à une autre source, et de renouveler le principe même de son existence. Ce fut le général Austin, qui, dès la fin de novembre, donna cette impulsion à l'opinion publique, et demanda la convocation d'une nouvelle assemblée nationale ; car il ne croyait pas que le gouvernement provisoire eût le droit de proclamer l'indépendance, et de briser les derniers fils par lesquels le Texas tenait encore au Mexique. Il partit ensuite pour les États-Unis avec ses deux collègues. Mais déjà l'enthousiasme populaire avait devancé leurs efforts. Les *gris de la Nouvelle-Orléans (New-Orléans greys)* avaient figuré à la prise de Bejar. Le Tennessee, l'Alabama et la Georgie envoyèrent aussi leurs volontaires et leur argent aux Texiens, et ce fut pendant la tenue de la *consultation générale* que M. B. Lamar, citoyen de la Georgie alors, aujourd'hui président du Texas, offrit ses services aux insurgés.

Néanmoins le parti qui voulait maintenir l'union avec le Mexique était encore assez nombreux, et il fut assez influent pour arrêter quelque peu le mouvement d'indépendance. Il poussa même à une tentative malheureuse d'expédition au-delà du Rio-Grande, qui avait pour but de réveiller dans les provinces voisines l'esprit de fédéralisme, et d'y provoquer une contre-révolution. Les deux faibles détachements qui avaient tenté cette hasardeuse entreprise furent exterminés par les troupes de Santa-Anna. Tandis que cela se passait du côté de Matamoras, les politiques du Texas continuaient à discuter sur l'indépendance, dont les partisans invoquaient tour à tour l'histoire, la morale et l'intérêt, pour faire prévaloir leurs opinions sur des conseils plus timides. D'après ces hésitations, il est à présumer que si alors les états mexicains limitrophes du Texas s'étaient soulevés pour la constitution fédérale, la déclaration d'indépendance eût été ajournée, et l'alliance du Texas avec les provinces septentrionales du Mexique contre le *centralisme* aurait donné aux évènements une direction toute différente. Mais on apprit qu'au Mexique tous les partis s'étaient ralliés dans une pensée commune de vengeance nationale, et ce qui mit fin à toute irrésolution, ce fut le rapport des agents envoyés aux États-Unis sur le résultat de leur mission. Ils annonçaient qu'ils avaient conclu, à la Nouvelle-Orléans, un emprunt de 200 000 dollars, que le zèle des Anglo-Américains en faveur du Texas se refroidirait aussitôt, s'ils le voyaient balancer à proclamer son indépendance ; ils conseillaient donc à leurs compatriotes de prendre cette mesure décisive sans plus de délai. Le conseil fut suivi, et une nouvelle convention se réunit à Washington, sur le haut Brazos, le 1er mars 1836.

J'ai maintenant à retracer le tableau de la courte, mais décisive campagne dont les résultats ont consacré l'indépendance du Texas. Cette campagne s'ouvrit au moment où le peuple texien, surmontant ses dernières hésitations, se préparait à soutenir la lutte pour lui seul, et revendiquait hautement les droits de sa nationalité. Elle ne dura que deux mois. L'armée mexicaine parut le 21 février 1836 devant San-Antonio de Bejar. Le 21 avril, le général Houston et Santa-Anna se livraient dans les plaines de San-Jacinto la bataille qui termina la guerre. Trois évènements la signalent : l'héroïque défense de l'Alamo (citadelle de Bejar) par cent quarante soldats texiens sous les ordres de l'immortel Travis ; la défaite du colonel Fannin à Goliad, et l'horrible massacre de ses troupes après une convention signée sur le champ de bataille, action infâme ordonnée par Santa-Anna, dont elle a déshonoré le nom pour toujours, et qui l'aurait payée de son sang, si la modération et la loyauté des chefs texiens ne l'avaient défendu contre l'exaspération de leurs compatriotes ; enfin la victoire d'Houston à San-Jacinto, couronnée par la prise de Santa-Anna, président de la république et général en chef de l'armée mexicaine. Dans tout le cours de cette campagne, les forces du *Mexique* ont été supérieures à celles du Texas sous le rapport du nombre et de l'organisation militaire. Comme soldats, les Mexicains valaient beaucoup mieux que leurs ennemis ; comme hommes, ils étaient bien au-dessous. Leurs premiers succès à Bejar et à Goliad, souillés d'ailleurs par des cruautés inutiles, ne leur font pas le moindre honneur. Pour les Texiens, au contraire, les revers sont aussi glorieux que les triomphes.

L'armée d'invasion était divisée en trois corps : les généraux Sesma, Filisola et Cos appartenaient au premier, qui devait commencer ses opérations par le siège de Bejar ; Urrea et Garay commandaient le second, dirigé contre Goliad ; le troisième était sous les ordres de Santa-Anna, et destiné à agir selon les circonstances. Bejar et Goliad étant des villes espagnoles, il y avait un grand avantage à les prendre pour base des mouvements ultérieurs de l'armée. De l'une et de l'autre partaient des routes qui aboutissaient à un centre commun, à San Felipe de Austin, c'est-à-dire au cœur des établissements anglo-américains. La garnison de Bejar, commandée par le colonel Travis, était très faible ; celle de Goliad, sous les ordres du colonel Fannin, de la Georgie, était plus nombreuse ; mais toutes deux étaient insuffisantes. A la première apparition des troupes mexicaines, Travis et ses braves se retirèrent dans l'Alamo, jugeant inutile de disputer une ville ouverte à un ennemi trop supérieur en nombre et bien pourvu d'artillerie. Maîtres de la ville, les Mexicains commencèrent aussitôt à bombarder la citadelle, que Travis avait fortifiée de son mieux. Entouré de tous côtés et sans espoir d'être secouru, Travis résista pendant quinze jours, tua beaucoup de monde aux assiégeants, repoussa plusieurs attaques, et perdit à peine quelques hommes. Les lettres qu'il a écrites durant le cours du siège sont admirables de résolution et de sang-froid. On lit dans celle du 3 mars : « Il est possible que je succombe ; *mais la victoire coûtera si cher à l'ennemi, que mieux vaudrait pour lui une défaite.* Dieu et le Texas ! la victoire ou la mort ! » Il écrivait le même jour à un ami : « Que la convention marche et fasse une déclaration d'indépendance, nous sommes prêts à exposer notre vie cent fois par jour, et à défier le monstre qui nous attaque avec un pavillon couleur de sang, qui menace de massacrer tous les prisonniers, et de faire du Texas un vaste désert. J'aurai à combattre l'ennemi quand et comme il voudra ; mais je l'attends de pied ferme, et, si mes compatriotes ne viennent pas à mon secours, je suis décidé à périr en défendant la place, et mes ossements accuseront hautement l'indifférence de mon pays.»

Le malheureux Travis ne fut pas secouru. Le seul renfort qu'il reçut fut un détachement de trente-deux hommes venu de Gonzalès et qui réussit à se glisser dans l'Alamo. L'armée assiégeante, au contraire, s'était accrue du double depuis le commencement du siège. Santa-Anna y avait amené sa division, et il ne fallait rien moins que des forces aussi écrasantes pour emporter la place. Le 6, dans la nuit, Santa-Anna, décidé à vaincre à tout prix, donna l'ordre de monter à l'assaut. On a su plus tard, par un nègre qui le servait, qu'il avait passé la nuit avec son aide-de-camp Almonte dans une extrême agitation. « Cela nous coûtera cher, lui avait dit Almonte quelques instants avant l'assaut. — Peu importe, avait répondu Santa-Anna, il le faut. »

Travis et les siens tinrent parole. L'Alamo fut pris, mais la perte des Mexicains fut énorme. « Encore une victoire pareille, dit Santa-Anna au retour de l'assaut, et c'est fait de nous. » Travis mourut sur la brèche, en tuant l'officier mexicain qui l'avait frappé à mort. Tous ses compagnons périrent de même, les armes à la main. Un seul demanda quartier et fut égorgé. James Bowie fut tué dans son lit, où le retenait une blessure. David Crockett, du Tennessee, l'intrépide chasseur de l'ouest, était au nombre des défenseurs de l'Alamo, et y périt avec les autres. Santa-Anna courut dans cette affaire un grand danger. Le major Evans, commandant de l'artillerie du fort, allait mettre le feu au magasin à poudre, quand il reçut une balle qui le tua, et l'on raconte que, dans sa colère, Santa-Anna perça de deux coups de poignard le cadavre de l'homme qui aurait pu l'ensevelir avec lui-même sous les ruines de la citadelle.

Pendant que Santa-Anna payait si cher la prise de Bejar, Urrea marchait sur Goliad et occupait cette place, que le colonel Fannin avait eu l'ordre d'évacuer. Le lendemain, Tannin, qui n'avait pas plus de cinq cents hommes avec lui, fut attaqué dans la prairie par une division de dix-neuf cents hommes, dont il soutint le choc toute une journée. Mais quoique les Mexicains eussent perdu beaucoup de Monde, ils étaient encore trois fois plus nombreux que les Texiens, qui manquaient de vivres et d'artillerie. Fannin, voyant qu'il n'avait aucune chance de salut, accueillit donc les propositions d'Urrea et mit bas les armes aux conditions suivantes : — Lui et ses soldats seraient traités en prisonniers de guerre et dirigés sur Goliad, où ils resteraient pendant neuf jours. A l'expiration de ce terme, les volontaires des États-Unis seraient embarqués pour la Nouvelle-Orléans aux frais du gouvernement mexicain ; les Texiens et Fannin resteraient prisonniers jusqu'à leur échange ou jusqu'à la fin de la guerre. — Ces conditions furent violées avec une abominable perfidie. Santa-

Anna, qui se trouvait encore à Bejar, ordonna le massacre des prisonniers, et le 17 mars au matin, dimanche des Rameaux, ils furent tous, au nombre de près de quatre cents, égorgés non loin de Goliad, entre cette ville et la mer. C'était le président lui-même qui avait voulu cet horrible assassinat : plusieurs de ses généraux s'y étaient opposés dans le conseil tenu à Bejar ; mais il avait étouffé leur voix, signé la sentence de mort, cacheté et remis la dépêche de sa propre main au courrier qui devait en être porteur. Tout l'odieux de ce grand crime pèse donc sur la tête de Santa-Anna. Il marqua d'ailleurs son but. Au lieu de frapper les esprits de terreur, il les remplit d'une juste indignation, et fit naître dans tous les cœurs une soif de vengeance qui doubla le courage des insurgés texiens.

La campagne s'ouvrait, comme on le voit, sous les plus tristes auspices pour le Texas. Rien ne semblait prêt pour une résistance efficace. L'organisation de l'armée régulière était fort peu avancée. Le commandant en chef, Houston, n'arriva lui-même au quartier-général, sur le Guadalupe, que deux ou trois jours avant la chute de l'Alamo, et n'y trouva que trois cents hommes. Aussi, en apprenant ce désastre, ordonna-t-il sagement de se replier sur le Colorado, afin d'y rallier les renforts qui se préparaient sur ses derrières. Le général mexicain Sezma ayant atteint le Colorado le 22 mars, Houston poursuivit son mouvement de retraite jusqu'au Brazos, et continua ainsi jusqu'au milieu d'avril à reculer dans la direction de l'est. Les habitants de San-Felipe, que cette retraite laissait à découvert, évacuèrent la ville après y avoir mis le feu. C'est à tort que l'on a reproché au général Houston de n'avoir pas plus tôt tenu tête à l'ennemi. Sur le Colorado et même sur le Brazos, il n'avait pas encore une seule pièce de canon. A mesure qu'il se repliait en arrière, il concentrait davantage toutes ses forces disponibles, tandis que Santa-Anna laissait toujours en chemin un peu des siennes ; et on a lieu de croire qu'en se rapprochant de la frontière des États-Unis, il comptait sur quelques secours, au moins indirects, du général Gaines, qui s'était avancé de son côté jusqu'à Nacogdoches, sur le territoire texien, par ordre de Jackson.

Enfin, le 21 avril, fut livrée, sur les bords du San-Jacinto, la bataille qui décida du sort du Texas. L'armée de Santa-Anna s'élevait à quinze cents hommes effectifs, celle d'Houston à sept cent quatre vingt-trois, dont soixante-un seulement de cavalerie. La veille, Houston avait fait rompre tous les ponts par lesquels l'ennemi aurait pu se retirer vers le Brazos. Son instinct ne l'avait pas trompé. L'engagement ne fut pas long ; les Texiens marchèrent en avant au cri de : *Souvenez-vous de l'Alamo*, et bientôt Travis et ses braves furent vengés. On tua aux Mexicains six cent trente hommes, dont un officier-général et quatre colonels ; deux cent quatre-vingts furent blessés, et sept cent trente faits prisonniers. La destruction de ce corps d'armée était donc complète. Cette victoire ne coûta aux Texiens que deux hommes tués et vingt-trois blessés, dont six mortellement. Le colonel M. B. Lamar, aujourd'hui président de la république, commandait la cavalerie, et justifia par sa bravoure la confiance des soldats qui l'avaient choisi pour chef.

Santa-Anna ne fut pris que le lendemain par un détachement envoyé à la poursuite du peu de Mexicains qui avaient échappé. On le trouva caché dans de hautes herbes et fort effrayé. Il baisa la main du premier soldat texien qui se présenta, et offrit à ceux qui l'entouraient une fort belle montre, des bijoux et de l'argent ; mais ce fut en vain qu'il tenta de les corrompre. Alors il se prit à pleurer. On le rassura et on le conduisit auprès d'Houston, qui dormait au pied d'un arbre, la tète appuyée sur sa selle. Ce fut seulement alors que Santa-Anna se fit connaître. Il lui dit en espagnol : « Je suis Antonio Lopez de Santa-Anna, président de la république mexicaine et général en chef de l'armée d'opérations. » Puis il demanda de l'opium, dont il prit une grande quantité, et, paraissant se remettre de son trouble, il dit encore au général Houston : « Vous n'êtes pas né pour les choses ordinaires ; vous avez vaincu *le Napoléon de l'ouest.* » Après cette bouffée d'orgueil, si ridicule dans un pareil moment, il demanda ce qu'il ferait de lui. Houston, éludant la question, lui répondit que d'abord il eût à faire évacuer le Texas par ses troupes, et lui reprocha sa cruauté envers les Texiens. Quant à l'affaire de l'Alamo, Santa-Anna se défendit en invoquant le droit de la guerre. « Soit, reprit Houston ; mais le massacre de Fannin et de ses gens ? — Il n'y avait pas de capitulation, répliqua le prisonnier, et d'ailleurs je n'ai fait qu'exécuter les ordres du gouvernement mexicain. — Mais c'est vous qui êtes ce gouvernement, lui dit Houston. » L'entretien continua encore quelque temps, et Santa-Anna réussit à se concilier la bienveillance d'Houston, qui le protégea contre l'exaspération des Texiens, et ne voulut point souiller sa victoire par un meurtre inutile.

Cependant la convention nationale, convoquée à Washington pour le 1er mars, avait promulgué le 2 la déclaration d'indépendance du Texas, rédigé une constitution, voté quelques lois d'urgence, et organisé un pouvoir exécutif par intérim, dont M. David Burnet était président, et Lorenzo de Zavala vice-président, avec quatre ministres, un procureur-général et un directeur-général des postes. Nous ne ferons point l'analyse de la constitution du Texas ; il suffira de dire que, modelée sur celles de la plupart des états de l'Union anglo-américaine, elle est purement démocratique. Un président élu par les citoyens pour deux ans d'abord, et ensuite pour trois ans, non immédiatement rééligible, avec un droit de veto suspensif, le moins de pouvoir possible, et dix mille dollars d'indemnité annuelle ; un vice-président ; une chambre des représentants renouvelée tous les ans ; un sénat renouvelé tous les trois ans ; la plupart des places à la nomination du congrès ; le jury, et l'esclavage à perpétuité, toutefois avec l'interdiction de la traite et sous la condition que les esclaves ne seront importés que des États-Unis : tels sont les traits essentiels de cette constitution fort simple et aussi peu savante que neuve. Mais dans l'Amérique du Nord l'espace tient encore lieu de tout.

Le gouvernement provisoire du Texas avait suivi le mouvement de retraite du général Houston devant l'armée de Santa-Anna. Ce fut dans l'île déserte et nue de Galveston qu'il reçut le 25 avril la nouvelle de la victoire de San-Jacinto, et, quand le président Burnet arriva le 1er mai au quartier-général, Houston avait déjà conclu avec Santa Anna une convention par laquelle ce dernier s'engageait à faire évacuer le Texas par ses troupes. On lui garantissait la vie sauve. Le ministre de la guerre, qui suivait l'armée, avait donné son assentiment à cette convention, que Santa-Anna s'était empressé d'exécuter en adressant aux généraux Filisola, Gaona et Urrea, l'ordre de se replier sur Bejar et sur Victoria. Houston avait pris son parti en homme d'état. Le président Burnet et les membres de son cabinet l'approuvèrent, et deux traités réguliers, l'un patent, l'autre secret, furent conclus à Velasco, le 14 mai, avec Santa-Anna. L'évacuation du Texas par les troupes mexicaines, la restitution de toutes les propriétés, des esclaves et des bêtes de somme dont les Mexicains s'étaient emparés, l'échange des prisonniers et la mise en liberté de Santa-Anna, étaient stipulés par le traité patent ; par le traité secret, Santa-Anna prenait l'engagement de ne pas reparaître à la tête des troupes mexicaines contre le Texas pendant la présente guerre, et à ne rien négliger pour que le gouvernement de Mexico reconnût l'indépendance du Texas.

Ces deux traités furent très impopulaires ; l'armée, qui brillait beaucoup plus par le courage que par la discipline, continuait à demander la mort de Santa-Anna, en représailles du massacre de Goliad. Partout on se défiait de la sincérité et des intentions du président mexicain ; on ne voulait pas voir que cette malheureuse campagne l'avait perdu pour longtemps dans l'opinion de ses compatriotes, et qu'une fois de retour à Mexico, il ne serait pas tenté de recommencer la guerre. Quoi qu'il en soit, il fallut renoncer à l'embarquer pour Vera-Cruz ; au jour fixé pour son départ, une émeute de soldats éclata à Velasco, et le pouvoir exécutif, hors d'état de maîtriser l'effervescence générale, se décida, le 4 juin, à différer sa libération. Peu après, l'armée manquant de tout et se croyant négligée par le gouvernement, entreprit de lui forcer la main ; elle envoya un de ses officiers à Velasco, pour exiger l'adoption de certaines mesures, et cet officier, mécontent de l'accueil qu'on lui fit, essaya d'arrêter le président, qui fut heureusement défendu, dans cette crise, par les citoyens de Velasco. De pareils faits sont, dans toutes les révolutions, le revers de la médaille ; l'enfantement de l'indépendance des États-Unis en a présenté un grand nombre. La révolution du Texas ne pouvait pas en être exempte. Le caractère turbulent de la population, la composition de l'armée, le désordre des finances du nouvel état, l'inévitable confusion de tous les éléments administratifs, ne permettaient pas d'espérer que la république naissante échappât entièrement à ces perturbations passagères. Santa-Anna crut devoir protester contre sa captivité. Le président lui répondit que les circonstances avaient nécessité la mesure prise à son égard ; que, du côté des Mexicains, il y avait eu bien des infractions au traité ; que d'ailleurs il se plaignait à tort des privations qu'il endurait ; qu'elles étaient partagées par les premiers personnages de la république. « J'ai sacrifié à votre bien-être celui de ma famille malade, ajoutait M. Burnet. Si nous manquons de *comfort*, c'est à votre visite chez nous que votre excellence doit s'en prendre, et il nous paraît tout simple qu'elle souffre un peu de nos maux. »

Les choses demeurèrent en cet état jusqu'à la réunion du premier congrès constitutionnel de la république, qui s'ouvrit le 3 octobre, à Columbia sur le Brazos ; mais déjà les citoyens avaient procédé à l'élection du président, et s'étaient prononcés en même temps sur la grande question de l'incorporation du Texas aux États-Unis. Les deux concurrents pour la présidence furent Stephen Austin et Samuel Houston. Le nom du fondateur de la nationalité texienne semblait avoir perdu tout son prestige, et le vainqueur de San-Jacinto fut appelé à la présidence par trois mille cinq cents quatre vingt-cinq suffrages, tandis que Stephen Austin ne lui en opposa que cinq cent cinquante-un ; trois mille votes à peu près se portèrent sur Mirabeau Lamar pour la vice-présidence. L'incorporation du Texas aux États-Unis fut sollicitée par le chiffre bien significatif de trois mille deux cent soixante-dix-sept. En prenant possession de la présidence au sein du congrès, Houston, dont le caractère ne manque pas d'une certaine grandeur, eut un beau moment quand il déposa son épée. L'émotion l'empêcha de continuer son discours, et l'assemblée tout entière partagea le sentiment qui l'oppressait.

Samuel Houston était alors le héros du Texas, la personnification glorieuse de sa lutte contre le Mexique ; bientôt cette popularité s'évanouit. Ses différends avec le congrès pour la disposition des terres nationales et pour l'organisation de la milice, son peu de goût et son peu d'aptitude pour les affaires, ses habitudes de soldat, ses mœurs sans dignité, firent oublier ses anciens services. Le congrès avait manifesté dans un rapport remarquable la plus vive opposition à ce que Santa-Anna fût mis en liberté, Houston crut que l'honneur lui faisait un devoir de relâcher son prisonnier, et le fit conduire aux États-Unis. Enfin, il persista dans le désir de rattacher le Texas à la confédération anglo-américaine, quand déjà les Texiens, mécontents d'avoir été repoussés par le cabinet de Washington, mettaient leur orgueil à former une république séparée, dont la grandeur et la prospérité fissent un jour envie à leurs puissants voisins. Cette opinion d'Houston mit le comble à son discrédit, comme l'opinion contraire attira les suffrages sur Mirabeau Lamar, aux élections présidentielles de 1838.

En effet, le Texas n'avait pu faire admettre son étoile dans la grande constellation vers laquelle il s'était senti attiré par une communauté d'origine, d'institutions et d'intérêts. Au risque d'une guerre avec le Mexique, les États-Unis avaient reconnu l'indépendance du Texas, dès que le gouvernement de ce pays eut reçu son organisation définitive ; mais de puissants motifs empêchèrent le cabinet de Washington de proposer au congrès l'incorporation du nouvel état. L'audacieux Jackson eût peut-être bravé les dangers de cet agrandissement ; le prudent Van-Buren ne voulut point ajouter cet embarras de plus à tous ceux que lui léguait son prédécesseur. La nécessité de maintenir l'équilibre, pour maintenir l'Union elle-même, entre les états à esclaves et les états qui ont proscrit l'esclavage, entre les états agricoles du sud et les états industriels du nord, entre la vallée du Mississipi et les états primitifs, prévalut sur les conseils de l'ambition. L'opinion abolitionniste attaqua les Texiens sans ménagement et se prononça contre l'admission du Texas dans l'Union avec une extrême vivacité. M. Adams, du Massachussets, fit de cette question, dans la chambre des représentants, l'objet d'un discours très passionné, mais plein de force, qui retentit au sein du parlement anglais et ne fut pas sans influence sur la résolution du cabinet de Washington. L'Angleterre elle-même, on n'en saurait douter, agit auprès du gouvernement des États-Unis pour le déterminer à repousser les offres du Texas, dont elle n'a pas encore reconnu l'indépendance, tant la création et le caractère de cette république lui paraissent de nature à affecter la balance des forces politiques dans le Nouveau-Monde. Bientôt d'ailleurs quelques-uns des états qu'on aurait pu croire le plus favorables à l'incorporation du Texas se refroidirent à cet égard pour des causes diverses, parmi lesquelles les intérêts matériels tenaient aussi leur place. Le Texas a donc solennellement retiré sa demande. Il ne perdra rien à demeurer indépendant. Ses ressources sont immenses, et son ascendant sur toute la partie septentrionale de la république mexicaine est bien plus assuré par l'état actuel des choses qu'il ne pourrait l'être par un mode différent d'existence politique.

Je ne pousserai pas plus loin ce récit des évènements qui ont amené la révolution du Texas et qui ont affermi son indépendance. L'histoire des trois dernières années se réduit d'ailleurs, pour l'Europe, à quelques vues d'ensemble, qu'il serait facile de résumer en peu de mots. Ce qu'elle présente de plus saillant dans les rapports extérieurs du nouvel état, c'est sa reconnaissance par le gouvernement français ; dans ses rapports intérieurs, c'est le progrès non interrompu de sa population, surtout depuis la nomination du général Lamar à la présidence de la république. Après un voyage de quelques mois dans l'intérieur du pays, je ne reconnaissais plus les villes que j'avais vues les premières, tant les constructions publiques et privées s'y multipliaient rapidement. Le Texas, qui ne comptait pas plus de soixante-dix mille âmes à la fin de 1836, en a aujourd'hui plus de deux cent cinquante mille. L'agriculture, le commerce, l'organisation de la force publique, ont marché du même pas. Il s'est formé une marine ; l'armée est nombreuse, mais toujours plus ardente que bien disciplinée ; le produit des douanes, et principalement de la douane de Galveston, accuse tous les trois mois un accroissement considérable dans le mouvement du commerce maritime. Pour la production du coton, le Texas est sans rival. Le coton y est à la fois plus beau et plus abondant sur la même étendue de terrain que dans les états les plus favorisés de l'Union américaine ; et, sous ce rapport, le Texas n'a qu'un danger à craindre, c'est l'excès de production.

Les terres qui s'étendent au-dessous de la rivière Rouge jusqu'à 70 ou 80 milles du golfe du Mexique, peuvent donner, année moyenne, d'une balle à une balle et demie par acre (l'acre représente à peu près la moitié d'un hectare de France) ; celles qui appartiennent à la zone du littoral, de la Sabine au Rio-Grande, donnent communément de deux à trois balles par acre, et plus encore dans certaines localités. Chaque balle de coton représente un poids de 500 livres au moins ; un hectare au Texas peut donc donner, chaque année, de deux à trois mille livres de coton brut : fertilité merveilleuse si on la compare avec la production de quelques localités de l'Union. Dans l'Alabama, le colon ne récolte le plus souvent que six cents livres par acre, c'est-à-dire un peu plus d'une balle, et certaines portions de la Georgie ne produisent fréquemment que trois cents livres ou à peu près le cinquième de ce que donne la même étendue de terrain au Texas. J'ai vu sur la route de Mont-Gomery à Charleston, dans l'Alabama et la Georgie, des champs immenses où le cotonnier n'arrivait pas à trois pieds de haut ; la même plante s'élève à cinq et six pieds sur les bords du Mississipi, et à sept et huit au Texas.

La partie cultivée du Texas est comprise entre le 96me et le 100me degré de longitude occidentale du méridien de Paris ; elle s'étend depuis le bord de la mer jusque vers le 32me degré de latitude, et même plus loin vers le nord, l'espace compris entre le

32me parallèle et la rivière Rouge se peuplant de jour en jour.

Un auteur américain a calculé que le Texas renferme de quatre à cinq cents milles carrés, que 25 000 000 d'acres peuvent être mis en culture ; que 5 à 6 000 000 donneront au moins une balle de coton par acre, et la plupart deux ou plus. Le moindre produit annuel serait donc de 5 000 000 balles, ce qui, à 40 dollars la balle, ferait une somme d'un milliard de francs. Quand même ces calculs seraient empreints d'une certaine exagération, la culture du coton n'en serait pas moins pour le Texas une source éventuelle de richesses vraiment prodigieuses.

Voici quelques chiffres plus modestes. En 1833, le Texas exportait 4 000 balles de coton, 10 000 en 1834. Les travaux furent suspendus pendant les années 1835 et 1836 ; mais ils furent repris vigoureusement en 1837, et l'exportation de 1838 approchait de 100 000 balles ; ce chiffre doit avoir été dépassé depuis. C'est au mois de mars de l'année dernière que le Texas est, pour la première fois, entré directement en relations commerciales avec l'Europe. Le trois mâts anglais l'*Ambassador* est arrivé de Liverpool à Galveston avec une riche cargaison, et a pris 1,100 balles de coton pour cargaison de retour. Ce navire, qui calait douze pieds et demi d'eau, est entré à Galveston sans difficulté.

Les Texiens commencent aussi à cultiver la canne, et, suivant la voie ouverte par les colons de la Louisiane, ils ont donné la préférence à la variété d'Otaïti. Cette variété, qui est glauque, marquée de longues bandelettes violettes, fournit sa substance sucrée dans le cours d'une végétation de cinq à six mois, tandis qu'il faut à la canne des Antilles quinze et dix-huit mois pour arriver au même point. La canne d'Otaïti n'atteint pas un aussi grand développement que cette dernière, il est vrai, mais elle donne deux récoltes, tandis que l'autre n'en donne qu'une. Cultivée d'abord au Brésil, elle passa ensuite à la Havane, et de là à la Louisiane, où quelques colons français eurent le bon esprit de la répandre. Maintenant, tous les bords du Mississipi, au-dessous de la Nouvelle-Orléans, sont couverts d'immenses champs de cannes dont le produit déjà fort élevé s'accroît chaque jour. J'ai vu, du côté de Brazoria, des cannes qui atteignaient de dix à douze pieds, et dont les anneaux étaient déjà mûrs, au mois d'août, jusqu'à la hauteur de sept.

Le maïs réussit parfaitement au Texas ; quant au blé, une expérience faite dans les environs de San-Antonio de Bejar, il y a quelques années, a constaté que les prairies élevées qui entourent cette ville sont très propres à cette précieuse culture.

Je dirai enfin, pour terminer cet aperçu des richesses végétales du Texas, que la culture du mûrier et du tabac, que la production de la cochenille et de l'indigo ont été essayées avec succès, et peuvent être poursuivies sur une grande échelle avec la plus complète certitude d'en tirer un profit considérable.

La constitution géologique du Texas offre au colon d'admirables facilités pour l'éducation du bétail ; ses prairies sont, pendant dix mois, couvertes d'une herbe verdoyante, et, pendant les deux autres mois, celle qui s'est desséchée à l'époque de la saison froide est encore un fourrage excellent qu'on pourrait économiser si l'on en sentait le besoin ; mais tous les bois sont tapissés d'un épais gazon qui reste toujours vert, et qui fournit au bétail la meilleure nourriture.

Cette heureuse réunion de circonstances est, pour le Texas, une source toujours sûre de richesses. Il n'est pas rare d'y rencontrer déjà des colons qui possèdent jusqu'à 1 500 et 2 000 têtes de bétail, pour l'éducation desquels ils n'ont pas pris la moindre peine. Tous ces animaux sont en liberté ; chacun marque à son chiffre ceux qui lui appartiennent et ne s'en occupe plus ; l'été, ils paissent dans la prairie ; l'hiver, ils savent bien trouver d'eux-mêmes l'herbe fraîche et succulente des *bottoms*.

Ce que je viens de dire du bétail s'applique nécessairement aux chevaux. Les Texiens apprécient tous les avantages que leur offre la prairie sous ce rapport, et, désireux d'en profiter, ils instituent des courses de tous les côtés. Outre les courses entre particuliers, que la moindre réunion de planteurs amène toujours, il y a des courses instituées par le gouvernement pour chaque beauté suffisamment peuplée. Les enjeux s'élèvent quelquefois à des sommes considérables ; ils ont monté jusqu'à 3 et 4 000 dollars pour un seul pari. La race de chevaux du Texas est la même que celle des États-Unis ; elle sera sans doute améliorée par les colons, bien qu'elle l'emporte de beaucoup déjà sur les *mustangs* des prairies, qui appartiennent à la race arabe ; les chevaux texiens sont au moins aussi vifs que ceux-ci et bien plus vigoureux.

Aux richesses végétales, le Texas en joint d'autres qui sont, pour les nations modernes, plus précieuses que l'or du Pérou : le fer et le charbon, ces deux instruments si énergiques de la civilisation et du travail.

Au nord de la rivière Sabine, et tout le long des hauteurs qui commencent au nord-ouest et à peu de distance de Nacogdoches et vont se joindre aux monts Ozarks, on rencontre des mines de fer très abondantes. On dit que, semblables à certains gîtes de minerai de fer dans l'état du Missouri, elles contiennent 50 pour 100 de métal. Ces formations font partie du système des monts Ozarks. Un minéralogiste anglais, qui les parcourt aux frais de l'état d'Arkansas, écrivait, en 1838, que cette chaîne renferme les mines de fer les plus riches qu'on ait probablement jamais vues à la surface du globe. Le lit du Brazos est extrêmement riche eu fer (grès ferrugineux), et, dans la plaine qui s'étend entre le Brazos et le Colorado, tous les ravins sont remplis de fer hématite en grains.

Quant au charbon, l'indication donnée par la formation de grès rouge que l'on rencontre sur la rive gauche du Brazos, entre ce fleuve et le Rio-Navasoto, n'est point trompeuse. On assure également que le charbon abonde dans le Haut Brazos et dans la partie supérieure du Colorado. J'ai entendu dire à des *trappers* qui avaient parcouru le Nouveau-Mexique et les déserts de la Nouvelle-Californie, que, du côté du lac Satina, au nord de la Sierra de San-Saba, et dans les plaines de la Californie, non loin des lacs Teguayo et Timpanogos, la houille et le sel marin étaient abondants. Plusieurs voyageurs parlent dans le même sens. Il paraît à peu près certain maintenant que le charbon est très commun à la base des *Rocky-Mountains*, et qu'on l'aperçoit souvent à nu le long des cours d'eau qui traversent les plaines, et surtout en plusieurs points le long du *Missouri-River*, du *Yellow-Stone*, du *Kansas*, de la *Rivière des Osages*, etc. Tous ces dépôts de houille, sans appartenir entièrement au Texas, sont du moins à sa portée, ainsi que les amas gigantesques de cette matière dont la nature a si libéralement doté le territoire des États-Unis. Enfin, le sel abonde au Texas ; on y a découvert récemment aussi une mine de cuivre ; sur les bords de la rivière Rouge, et le

123

long du Rio-Medina, différents symptômes annoncent l'existence du plomb.

On conçoit tout l'attrait qu'un pays ainsi favorisé par la nature, un sol aussi fertile et aussi bien arrosé, un climat aussi sain (car la fièvre jaune est inconnue au Texas), présentent à l'émigration. Les colons y arrivent en effet de toutes parts, et c'est à leur activité de nouveaux venus, à leurs capitaux, à leurs bras vigoureux, que le Texas est redevable du mouvement singulier qui m'a frappé d'admiration.

Le progrès qui se manifeste dans les districts du centre et de l'est a gagné aussi l'ancienne ville mexicaine de Bejar, qui entretient des relations avantageuses avec le Nouveau-Mexique. Tout enfin atteste, dans cette république parvenue à la cinquième année de son existence, une force de vitalité qui sera peut-être bientôt assez puissante pour l'agrandir aux dépens de ses voisins, et qui au moins n'a rien à redouter de leurs ressentiments ou de leur jalousie.

Lord Durham a remarqué avec raison, dans son admirable rapport sur les affaires du Canada, que, dans toute l'Amérique du Nord, la création des routes, le creusement des canaux, la construction des ponts, tenaient une place immense parmi les plus importants travaux des gouvernements et des législatures. Ce besoin d'*improvement*, qui distingue si honorablement la race anglo-américaine et lui a fait accomplir de si grandes choses, les émigrants des États-Unis l'ont introduit au Texas. Depuis 1836, le congrès texien a autorisé, dans chaque session, la formation de plusieurs compagnies pour la construction de chemins de fer entre les principaux foyers de production et de commerce. Le pays s'y prête merveilleusement : le terrain ne coûte rien, la main d'œuvre seule est dispendieuse ; mais comme on n'a pas, en Amérique, la manie de faire du monumental, les lignes projetées se termineront vite et s'étendront bientôt de la frontière des États-Unis à celle du Mexique. Le congrès vient de voter un emprunt considérable que le général Hamilton, de la Caroline du Sud, sera probablement chargé de négocier en Europe. Une partie de cet emprunt est destinée à seconder, par voie de subside et d'association, l'accomplissement des travaux publics de l'état, suivant le système appliqué avec tant de succès dans l'Ohio, la Pensylvanie et l'état de New-York. En même temps le congrès s'occupe d'activer et de faciliter les communications avec le nouveau Mexique, pays immense, aussi négligé par l'ancien gouvernement espagnol que par la moderne république mexicaine, et dont le Texas doublera les richesses en lui offrant le débouché de ses ports.

Le gouvernement de Mexico n'a pas encore reconnu l'indépendance du Texas, et paraît quelquefois espérer qu'il lui sera possible de reconquérir une province qu'il n'a pas su défendre. C'est une ridicule illusion de la vanité nationale. Le

Mexique, épuisé, n'a pas trois mille hommes à mettre en campagne sur le Rio-Bravo-del-Norte, qui restera la limite occidentale du Texas, à moins toutefois que de nouveaux succès ne portent le drapeau texien jusqu'à Matamoras.

Toutes ces provinces sont d'ailleurs mécontentes, et toujours prêtes à se soulever contre le gouvernement central, qui les néglige, les opprime et les appauvrit. Il n'est plus permis de douter que dans Chihuahua, Durango, Cohahuila, San-Luis, le Nouveau-Léon, une grande partie de la population ne soit disposée à se séparer du reste du Mexique et à former avec le Texas, ou sous sa protection, une république fédérative, qui atteindrait bientôt le golfe de Californie. Si le général Santa-Anna, pendant sa présidence intérimaire, avait voulu accueillir les propositions du colonel Bee, envoyé texien, il aurait éloigné la réalisation de ces projets de démembrement. Mais il ne l'a pas osé, et, violant le traité auquel il devait la liberté et la vie, il a même demandé au congrès les moyens de poursuivre la guerre. La guerre se poursuit donc, et l'avenir reste ouvert avec toutes ses chances. On voit que, dans cette question du Texas, les républicains du Mexique sont, pour l'aveuglement, l'obstination et l'extravagance, tout-à-fait au niveau de Ferdinand VII dans la question des colonies espagnoles. Malheureusement, ce n'est pas la seule ressemblance que présente l'état social et politique du Mexique avec toutes les misères de son ancienne métropole. Je me hâte d'ajouter, pour l'honneur de l'Espagne, que chez elle au moins le mal n'est pas, comme au Mexique, sans dignité, sans compensation et presque sans espoir.

Il n'en sera pas ainsi du Texas. La population de cette nouvelle république donnera, je l'espère, un éclatant démenti à ses détracteurs. Le travail, qui est pour les nations comme pour les individus un puissant principe de moralité, fait déjà sentir au peuple texien son heureuse influence ; plusieurs lois récentes attestent que le gouvernement et le congrès ne négligent rien pour réprimer la licence, propager l'instruction et favoriser les habitudes religieuses. C'est surtout depuis l'avènement du général Lamar à la présidence, que les pouvoirs publics ont embrassé cette noble tâche avec une plus vive sollicitude, et bientôt, sans doute, l'état social du Texas, amélioré par leurs communs efforts, aura fait oublier que sa population s'était recrutée parmi les plus turbulents caractères et les plus aventureux enfants de la démocratie anglo-américaine.

www.ingramcontent.com/pod-product-compliance
Lightning Source LLC
LaVergne TN
LVHW011359080426
835511LV00005B/353